Gilda Giebel

TRIEB**HAFT**

Gilda Giebel

TRIEB**HAFT**

ZWISCHEN NARZISSTEN, SADISTEN UND PSYCHOPATHEN

Was ich als Psychologin
in der Sicherungsverwahrung erlebt habe

riva

Bibliografische Information der Deutschen Nationalbibliothek
Die Deutsche Nationalbibliothek verzeichnet diese Publikation in der Deutschen Nationalbibliografie. Detaillierte bibliografische Daten sind im Internet über https://dnb.de abrufbar.

Für Fragen und Anregungen
info@m-vg.de

Wichtiger Hinweis
Ausschließlich zum Zweck der besseren Lesbarkeit wurde auf eine genderspezifische Schreibweise sowie eine Mehrfachbezeichnung verzichtet. Alle personenbezogenen Bezeichnungen sind somit geschlechtsneutral zu verstehen.

Originalausgabe
3. Auflage 2025

Türkenstraße 89
80799 München
Tel.: 089 651285-0

Redaktion: Karoline Kuhn
Umschlaggestaltung: Karina Braun
Umschlagabbildung: Caroline Wimmer
Satz: Daniel Förster
Druck: GGP Media GmbH, Pößneck
Printed in Germany

ISBN Print 978-3-7423-2755-0
ISBN E-Book (EPUB, Mobi) 978-3-7453-2524-9

Wir produzieren nachhaltig
www.m-vg.de

Weitere Informationen zum Verlag finden Sie unter
www.rivaverlag.de
Beachten Sie auch unsere weiteren Verlage unter www.m-vg.de

INHALT

VORWORT

Menschen, die ihre Mitmenschen vergewaltigen, quälen und töten, werden von der Gesellschaft abgelehnt. Niemand möchte ihnen zu nahekommen und wir wollen sie sicher verwahrt wissen, damit sie keinen weiteren Menschen mehr verletzen können.

Auf der anderen Seite sehen wir uns leidenschaftlich gerne Krimis im Fernsehen an (in Deutschland wurden 137 Kriminal- und Polizeisendungen als Serie produziert, Stand 31.12.2020), hören Podcasts über Tatabläufe von Verbrechen und wollen, wenn in den Medien über einen aktuellen Mord berichtet wird, Details über den Täter erfahren. Das liegt vor allem daran, dass grausame Verbrechen uns emotional aufwühlen und verunsichern und wir das Bedürfnis haben, das Geschehene einzuordnen. Wie stellen uns die Frage: »Hätte ich dem Täter auch zum Opfer fallen können?« Wir suchen nach Erklärungen für das Delikt sowie nach Warnzeichen, die die Opfer vielleicht hätten erkennen können, um dem Täter zu entkommen.

Bereits im Jugendalter interessierte ich mich für die Beweggründe von Tätern schwerer Verbrechen. Damals habe ich mit einem Freund den Film *Funny Games* von Michael Haneke gesehen. In dem Film fährt eine dreiköpfige Familie mit ihrem Hund in ihr idyllisches Ferienhaus am See. Zwei junge Nachbarn, die ein gepflegtes Erscheinungsbild und sehr gute Umgangsformen haben, bringen die Familie über mehrere Stunden in ihre Gewalt, quälen und töten alle nacheinander, angefangen mit dem Hund. Um zunächst Kontakt zu der Familie herzustellen, bat einer der jungen Männer die Frau der Familie höflich um Eier. (Eier kündigten übrigens später in der bekannten TV-Serie *Die Sopranos* ab 1999 ebenfalls Unheil an, so ähnlich wie Orangen in der *Der Pate*-Trilogie.) Der spätere Mörder zeigte sich in dieser Szene abwechselnd unterwürfig und fordernd. Als Zuschauerin bekam ich sofort ein schlechtes Bauchgefühl und wusste, dass Ungutes folgen würde. Der Film wurde von Jugendschützern als »sozialethisch desorientierend« bezeichnet. Obwohl die Darstellungen in *Funny Games* reine Fiktion waren, wusste ich, dass es tatsächlich Täter gibt, die Menschen zum Vergnügen quälen. Ich wollte verstehen, warum das so ist, und herausfinden, woran man solche gefährlichen Menschen frühzeitig erkennen kann. Der Film bestärkte mich in meinem Entschluss, Psychologie zu studieren.

In einem herkömmlichen Psychologiestudium beschäftigt man sich ausgiebig mit menschlichem Erleben und Verhalten, allerdings kaum mit der Psyche gefährlicher Verbrecher. Deswegen suchte ich gezielt nach einer Universität, die das Fach »Forensische Psychologie« anbot. In dieser Disziplin geht es um die Erforschung von Ursachen für das Begehen von Straftaten.

Das erste Seminar, das ich innerhalb der forensischen Psychologie besuchte, war augenöffnend für mich. Inhaltlich ging es um die Risikobeurteilung von Sexualstraftätern. Die Dozentin, die ich »Valerie« nennen möchte, war eine charismatische und erfahrene forensische Psychologin. Ich erinnere mich, dass Valerie von einem Angeklagten in Untersuchungshaft erzählte, den sie hinsichtlich seiner Schuldfähigkeit begutachtet hatte. Dem Mann wurde vorgeworfen, ein 12-jähriges Mädchen vergewaltigt zu haben. Als Valerie ihn in dem kleinen Besprechungsraum des Gefängnisses hinter der Trennscheibe sitzen sah, dachte sie sofort, dass es sich um einen Irrtum handeln müsse. Die Vollzugsbediensteten hatten ihr sicherlich den falschen Mann gebracht. Dieser Typ sah gepflegt, attraktiv und freundlich aus. Sicherlich wäre sie mit ihm einen Kaffee trinken gegangen, wenn sie ihn irgendwo auf der Straße getroffen hätte. Ein Abgleich des Namens ergab aber, dass sie vor dem richtigen Mann saß, den ich hier »Karl« nenne.

Er eröffnete das Gespräch mit der Behauptung, er habe die Tat nicht begangen. Valerie war es gewohnt, dass Männer, die einer Sexualstraftat bezichtigt werden, ihre Tat leugnen. Deswegen blieb sie zunächst unbeeindruckt. Karl insistierte, sie müsse ihm glauben und er könne seine Unschuld beweisen. Valerie dachte: *Manchmal werden ja tatsächlich Menschen zu Unrecht einer Straftat bezichtigt und sie nutzen dann natürlich jede Gelegenheit, um sich zu erklären und auch die Gutachterin von ihrer Unschuld zu überzeugen. Ich würde an seiner Stelle genauso reagieren.*

Die Ermittlungsakten hatte Valerie zuvor nur überflogen. Sie hatte die Tathintergründe grob im Kopf und begann, Karl

Fragen zu seiner Version des Tatgeschehens zu stellen. Die Geschichte, die Karl erzählte, wirkte authentisch und glaubhaft. Er war charmant und redegewandt. Auch auf kritische Nachfragen reagierte Karl angemessen und konnte überzeugend seine unschuldige Version der Dinge darlegen. Valerie war geneigt, ihm zu glauben.

Nach dem Gespräch mit Karl fuhr sie in ihr Büro und las sich die Ermittlungsakten zu seinem Fall genauer durch. Darin fand sie Beweise für Karls Täterschaft, die einfach nicht zu entkräften waren, wie beispielsweise Spermaspuren im Genitalbereich des Opfers, die einer DNA-Analyse zufolge zweifelsfrei von Karl stammten. Beim nächsten Begutachtungstermin konfrontierte sie ihn mit ihren Erkenntnissen. Als Karl merkte, dass er sie nicht mehr täuschen konnte, lehnte er weitere Gespräche mit ihr ab. Valerie schlussfolgerte aus diesem Erlebnis zum einen, wie wichtig es ist, sich intensiv mit den Akten vertraut zu machen, bevor man in das Gespräch mit den Angeklagten oder Inhaftierten geht. Zum anderen hatte sie erfahren, dass es Menschen gibt, die so charmant und vertrauenerweckend wirken, dass man auch als forensisch erfahrene Psychologin dazu neigt, ihnen zu glauben. Diese Menschen sind Meister der Manipulation – eine Eigenschaft, die Psychopathen ausmacht.

Diese Geschichte wirkte sehr eindrücklich auf mich und Valeries Schlussfolgerungen brannten sich in mein Gedächtnis ein. Ich war sehr gespannt darauf, in einem geschützten Rahmen Straftätern zu begegnen, und wählte daher ein forensisches Fallseminar. In diesem Format wurde jede Woche ein anderer Untergebrachter aus der forensischen Psychiatrie von einer Studentin befragt und die anderen Teilnehmenden konnten zuhören und sich Notizen machen. Der Kurs war mit acht Teilnehmerinnen (es waren tatsächlich nur Frauen) nicht sehr beliebt, denn die meisten Studierenden wollten mit Straftätern nichts zu tun haben.

Das Seminar fand jeden Freitagmorgen im Wintersemester statt. Ich erinnere mich an den Novembernebel, der vom nahe gelegenen Waldsee aufstieg und die verstreuten Häuser des Psychiatriegeländes milchig-grau umwob. Es war beklemmend und aufregend zugleich, das dreistöckige Gebäude mit den vergitterten Fenstern zu betreten, um einem neuen, unbekannten Täter zu begegnen, von dem ich noch nicht wusste, ob er seine Opfer missbraucht, vergewaltigt oder getötet hatte.

Das Seminar wurde nicht von Valerie geleitet, sondern von einem anderen Psychoanalytiker, der in der Psychiatrie arbeitete. Er analysierte augenscheinlich die Teilnehmerinnen sehr genau. Meine Frage an den Dozenten, warum sich die Untergebrachten des Maßregelvollzugs freiwillig von fremden Studierenden zu ihren Delikten befragen ließen, beantwortete er knapp mit: »Abwechslung im Vollzugsalltag.«

Von Valerie hatte ich gelernt, mir vor dem ersten Gespräch mit einem Straftäter unbedingt dessen Akten genau durchzulesen, um mein Gegenüber einordnen zu können und weniger anfällig für Täuschungen zu sein. In diesem Seminar lief es anders: Wir wussten nichts über die Person, die vor uns saß, und diese hätte uns alles erzählen können. Die Akten durfte die Studentin, die den Täter interviewte, erst nach dem Gespräch lesen.

Der erste Täter, der uns vorgestellt wurde, hatte im Alter von 17 Jahren eine Bekannte bewusstlos geschlagen und anschließend vergewaltigt. Danach hatte er sein Opfer mit dem Gesicht nach unten in einem Bach abgelegt, woraufhin es ertrunken war. Diese Information hatten wir vorab vom Seminarleiter erhalten, bevor der Klient den Raum betrat. Ein junger Mann in unserem Alter nahm in unserem Sitzkreis Platz. Das Tatgeschehen schilderte er einsilbig. Er beschrieb einen Streit mit seiner Bekannten, in dessen Verlauf er wütend geworden sei und sie dann geschlagen hätte. Aufgrund der Wucht der Schläge habe sie das Bewusstsein verloren und sei eine Böschung hinuntergefallen. Er habe sie mit dem Gesicht nach unten im Bach liegen lassen, sei nach Hause gefahren und habe ferngesehen. Die Vergewaltigung erwähnte er nicht.

Aus dem Gerichtsurteil erfuhren wir später, dass man an dem Leichnam der jungen Frau Spermaspuren des Täters gefunden hatte. Die Studentin, die das Gespräch mit dem Untergebrachten führte, war von dessen Ausführungen deutlich bewegt. In der Nachbesprechung des Interviews betonte sie, dass sie die Trauer und Reue des Mannes gespürt habe, und sie wirkte dabei betroffen. Ich war irritiert, denn ich hatte keine emotionale Regung bei dem Mann wahrgenommen. Außerdem fehlte mir die Logik bei der Tat, wie der Untergebrachte sie dargestellt hatte. Welcher normal intelligente Mann schlägt eine Bekannte bewusstlos, weil er sauer auf sie ist, und lässt sie dann mit dem Gesicht nach unten in einem Bach liegen? Ich vermutete ein sexuelles Motiv und eine gezielte Tötungsabsicht hinter diesem Vorgehen.

Diese Meinung zum Fall äußerte ich im Seminar, woraufhin mich der Psychoanalytiker fixierte, sich ans Kinn fasste und fragte: »Spüre ich da Sadismus?« Verwirrt schaute ich ihn an, dann blickte ich in die Runde und fragte mich, ob er mit der Frage mich oder den Täter gemeint hatte. Er ergänzte: »Nach dem Motto ›Wegsperren für immer‹?« Ich zog die Augenbrauen zusammen und sagte: »Nein.« Es war mir unangenehm, im Fokus der Analyse zu stehen, wo es doch eigentlich darum ging, die Abgründe der Straftäter zu ergründen und nicht die der Seminar-Teilnehmerinnen. Seit diesem Tag trug ich bei den acht anderen Studentinnen den Spitznamen »die Sadistin«.

Vier Jahre später war ich als wissenschaftliche Mitarbeiterin in einem Forschungsprojekt über Tötungsdelikte tätig. Monatelang vertiefte ich mich in Akten über Männer, die aus verschiedenen Motiven Menschen getötet hatten, und organisierte Forschungstreffen. Ich lernte in dieser Zeit viel darüber, wie man die Gefährlichkeit von Tätern richtig einschätzte, welche Eigenschaften einen Psychopathen ausmachen und wie man einen Deliktmechanismus herleitet. Der Deliktmechanismus ist das Verbindungsglied zwischen risikorelevanten Persönlichkeitsmerkmalen und den Merkmalen des Tatmusters. Er erklärt, in welcher Weise die spezifischen Persönlichkeitsmerkmale mit dem Deliktverhalten zusammenhängen.

Leider bekam ich kaum Straftäter zu Gesicht, nur bei seltenen Begutachtungen, und ich wollte wissen, wie es sich anfühlt, täglich mit solchen Menschen zu arbeiten. Deswegen bewarb ich mich auf ein besonderes Stellenangebot – als Psychologin in der Sicherungsverwahrung – und gewann das Auswahlverfahren.

Von da an betrat ich das Gelände der Einrichtung zum Vollzug der Sicherungsverwahrung täglich durch ein dreifach gesichertes Tor und holte mir zu Arbeitsbeginn einen schweren Schlüsselbund aus meinem Schließfach, den ich niemals aus den Augen lassen durfte. An diesem Ort sind ausschließlich Männer untergebracht. Der Tagesablauf ist für sie streng geregelt: morgens Aufschluss, Lebendkontrolle und Zählung, dann Arbeiterausrücken in die Betriebe, nachmittags Arbeitereinrücken zurück ins Haus, Zählung, Freistunde und abends Einschluss.

Ich wusste, dass die Männer, die dort einsaßen, anders waren als andere Inhaftierte. Die meisten der hier Sicherungsverwahrten hatten mehr Zeit ihres Lebens hinter Gittern als in Freiheit verbracht. Es handelte sich vornehmlich um Männer, die nichts aus ihren früheren Fehlern gelernt hatten. Keine Therapie hatte bisher etwas genutzt: Diese Männer hatten wiederholt verschiedene Opfer verletzt, vergewaltigt oder missbraucht. Die Gesellschaft war nur vor ihnen sicher, weil sie hinter grauen Betonmauern mit Stacheldraht obendrauf lebten. Obwohl diese Täter ihre Schuld verbüßt und ihre Haftstrafe abgesessen haben, werden sie zum Schutz anderer Menschen weiterhin eingesperrt. Es handelt sich somit um eine »präventiv ausgerichtete Maßregel der Besserung und Sicherung«.

Die meisten dieser Männer empfinden keine Reue oder gar Mitgefühl für ihre Opfer. Aber sie verspüren sehr wohl Zorn und fühlen sich als »Sonderopfer« der Gesellschaft ungerecht behandelt. Ein größeres Zimmer als in normaler Strafhaft und die Möglichkeit, mindestens viermal im Jahr die Anstalt in Begleitung zu verlassen, entschädigt viele (nach eigener Aussage) nicht für die verlorene Freiheit.

Die Chancen auf ein Leben außerhalb der Mauern stehen schlecht für sie. Erst nach vielen Jahren Therapie und langfristig angepasstem Verhalten kann die Sicherungsverwahrung eventuell langsam gelockert und sie möglicherweise entlassen werden. Wenn sie ernsthaft den Wunsch hätten, wieder in Freiheit zu leben, wäre die Therapie der einzige Strohhalm, an den sie sich klammern könnten. *Sie sollten also motiviert sein, mit mir zusammenzuarbeiten*, dachte ich, als ich die Stelle antrat.

Doch es schlich sich auch eine Befürchtung in meine Gedanken ein: Die Sicherungsverwahrten könnten ihre eigene Lage als derart hoffnungslos empfinden, dass ihnen alles egal ist. Diese Gleichgültigkeit könnte mir gefährlich werden, besonders, da es sich bei diesen Männern zum Großteil um Vergewaltiger mit narzisstischen und psychopathischen Persönlichkeitsstörungen handelt. Könnte es sein, dass mich manche von ihnen nicht als Therapeutin, sondern als potenzielles Opfer betrachten? Würde einer der Männer versuchen, mich als Geisel zu nehmen und zu vergewaltigen? Das wäre natürlich das schlimmstmögliche Szenario. Allerdings war genau das einer Psychologin in einer anderen Justizvollzugsanstalt in Deutschland passiert. Der Fall hatte (traurige) Bekanntheit erlangt: Diese Kollegin wollte gerade in den Feierabend gehen, als einer ihrer Klienten in ihr Büro kam und um ein Gespräch bat. Dann brachte er sie in seine Gewalt, indem er sie mit einem Messer und einer mit Sekundenkleber gefüllten Spritze bedrohte, die er ihr injizieren wollte. Die Bürotür schloss er mit ihrem Schlüssel von innen ab. Er hielt sie über sieben Stunden gefangen und vergewaltigte sie mehrfach.

Ich wusste, dass solche Ereignisse glücklicherweise selten vorkommen, aber dennoch nicht ausgeschlossen waren. Diese Männer waren über Jahre, manche sogar über Jahrzehnte, inhaftiert und hatten mitunter die Hoffnung auf ein Leben in Freiheit aufgegeben. Sie hatten nichts zu verlieren. Warum also nicht noch mal die geilsten sexuellen Vorlieben an einer Mitarbeiterin im Gefängnis ausleben, bevor man weitere Jahre gelangweilt auf die graue Außenmauer starrt?

Mir war bewusst, dass ich in der Sicherungsverwahrung Untergebrachte kennenlernen würde, die zu den gefährlichsten Männern Deutschlands gehörten. Meine Eindrücke und Erfahrungen, die ich als Frau und Psychologin im Umgang mit diesen extremen Männern gesammelt habe, möchte ich in diesem Buch mit Ihnen teilen. Dabei beschreibe ich verschiedene Persönlichkeitstypen anhand der Eigenheiten der jeweiligen Täter. Wir werden Narzissten, Psychopathen und Männer mit gefährlichen sexuellen Fantasien kennenlernen.

Viele Menschen nehmen an, dass Menschen, die grausame Taten begangen haben, besonders abstoßend auf uns wirken würden. Doch die Gefahr, die von einem Psychopathen ausgeht, lässt sich in gewisser Hinsicht mit der einer Raubkatze vergleichen. Das Antlitz einer Raubkatze kann bezaubernd und die Persönlichkeit eines Psychopathen einnehmend sein. Letztlich ist die Wahrscheinlichkeit aber hoch, dass eine Begegnung mit einem der beiden Wesen unheilvoll enden wird. Psychopathen, aber auch Narzissten, können aufgrund einer schwer zu beschreibenden Ausstrahlung des »gewissen Etwas« attraktiv auf uns wirken. Ich werde dieses Phänomen der Faszination gefährlicher Persönlichkeiten, die viele Menschen empfinden, im letzten Kapitel dieses Buchs erklären.

Um uns vor Menschen mit gefährlichen Persönlichkeiten zu schützen, ist es wichtig, diese zu durchschauen. Deswegen beschreibe ich in jedem Kapitel Warnzeichen, auf die wir im Alltag achten können, um potenziell gefährliche Menschen zu erkennen.

Redaktioneller Hinweis

Zum Zweck der Anonymisierung der Fälle und zum Schutz der Persönlichkeitsrechte habe ich den Tätern Namen von chemischen Elementen wie beispielsweise »Nickel« oder »Chrom« gegeben und Inhalte zu Merkmalen der Person, Biografie und Tatdetails geändert. Hinsichtlich ihrer tatrelevanten Persönlichkeitseigenschaften habe ich die Täter nicht verfremdet. Auf konkrete geografische und zeitliche Angaben habe ich verzichtet. Zudem habe ich die Namen von Kolleginnen und Kollegen sowie die Namen von Angehörigen und Opfern der Täter geändert.

In diesem Buch beschreibe ich nur männliche Täter. In Deutschland gibt es über 600 männliche Sicherungsverwahrte, während bundesweit nur zwei Frauen in der Sicherungsverwahrung untergebracht sind (Stand 31.12.2022). Gefährliche Sexualstraftäter sind meist männlich. Aus diesem Grund und zur leichteren Lesbarkeit verwende ich für die Beschreibungen gefährlicher Persönlichkeiten, wie Narzissten, Psychopathen und Sadisten, ausschließlich die männliche Form, obwohl es natürlich auch weibliche/diverse Personen mit dieser Persönlichkeitsproblematik gibt. Begriffe, die ohne Sternchen, Bindestriche, Binnen-I oder Doppelpunkt gendergerecht formuliert werden können, werden in dieser geschlechtsneutralen Form formuliert (zum Beispiel Mitarbeitende, Studierende, Leserschaft), um den Lesefluss nicht zu stören. Bei allen anderen Begriffen verwende ich entweder die weibliche oder die männliche Form, obwohl auch diverse/männliche/weibliche Personen gemeint sind.

Die im Text erwähnten Studien und anderen Quellen finden Sie im Anhang bei den jeweiligen Kapiteln.

NARZISSTEN

Jede und jeder von uns ist sicherlich schon einmal einem Menschen begegnet, der fast nur von sich erzählt, dabei von uns bewundert oder bemitleidet werden will und nur wenig Interesse für die Bedürfnisse und Gefühlslagen anderer Menschen zeigt. Wenn dieses Verhalten unseres Gegenübers über längere Zeit und in verschiedenen Situationen anhält und bereits im frühen Erwachsenenalter begonnen hat, könnte es sein, dass er oder sie an einer narzisstischen Persönlichkeitsstörung leidet. Dabei ist das Verb »leidet« irreführend, weil der Narzisst weitaus weniger von den Auswirkungen seiner psychischen Störung beeinträchtigt ist als sein Umfeld.

Entsprechend dem amerikanischen Diagnosesystem für psychische Erkrankungen (DSM-5) müssen, neben den allgemeinen Kriterien für eine Persönlichkeitsstörung, mindestens fünf der folgenden neun Kriterien erfüllt sein, damit eine narzisstische Persönlichkeitsstörung vorliegt.

Die betroffene Person:

1. hat ein grandioses Gefühl der eigenen Wichtigkeit (übertreibt zum Beispiel die eigenen Leistungen und Talente; erwartet, ohne entsprechende Leistungen als überlegen anerkannt zu werden).
2. ist stark eingenommen von Fantasien von grenzenlosem Erfolg, von Macht, Glanz, Schönheit oder idealer Liebe.
3. glaubt von sich, »besonders« und einzigartig zu sein und nur von anderen besonderen oder angesehenen Personen (oder Institutionen) verstanden zu werden oder nur mit diesen verkehren zu können.
4. verlangt nach übermäßiger Bewunderung.
5. legt Anspruchsdenken an den Tag (das heißt, übertriebene Erwartungen an eine besonders bevorzugte Behandlung oder automatisches Eingehen auf die eigenen Wünsche).
6. ist in zwischenmenschlichen Beziehungen ausbeuterisch (das heißt, zieht Nutzen aus anderen, um die eigenen Ziele zu erreichen).
7. zeigt einen Mangel an Empathie: ist nicht willens, die Gefühle und Bedürfnisse anderer zu erkennen oder sich mit ihnen zu identifizieren.
8. ist häufig neidisch auf andere oder glaubt, andere seien neidisch auf ihn/sie.
9. zeigt arrogante, überhebliche Verhaltensweisen oder Haltungen.

Etwa 6 Prozent der Bevölkerung haben eine narzisstische Persönlichkeitsstörung, wobei Männer mit 7,7 Prozent häufiger betroffen sind als Frauen (4,8 Prozent).

Hinter der Fassade der Großartigkeit von Menschen mit narzisstischer Persönlichkeitsstörung verbirgt sich meist ein zerbrechliches Selbstwertgefühl. Narzissten versuchen, ihren fragilen Selbstwert zu schützen, und haben sich daher unbewusst einen Panzer der Grandiosität zugelegt, der durch Bewunderung gestärkt und durch Kränkungen geschwächt wird. Sexualstraftäter mit narzisstischer Persönlichkeitsstörung, die ich in der Sicherungsverwahrung betreut habe, waren derart von sich überzeugt beziehungsweise verfügten über einen so harten Panzer der eigenen Großartigkeit, dass ich keinerlei Verunsicherung ihres Selbstwerts erkennen konnte. Vielmehr kamen sie mir mit ihrem überzogenen Gefühl der eigenen Wichtigkeit wie eine Hydra vor, deren Köpfe doppelt nachwachsen, sobald man einen von ihnen abschlägt.

Vor Beginn der Tätigkeit als Psychologin in der Sicherungsverwahrung hatte ich bereits Erfahrungen mit Narzissten gesammelt und war mir im Klaren darüber, dass sie einerseits sehr schillernd und faszinierend wirken können und andererseits in zwischenmenschlichen Beziehungen viel Leid erzeugen. Was ich jedoch nicht vermutet hatte, war die Tatsache, dass ein Großteil der inhaftierten Vergewaltiger in Sicherungsverwahrung Narzissten waren. Ich stellte fest, dass die Ausprägung der narzisstischen Verhaltensweisen bei diesen Männern extrem war, wie wir an den folgenden zwei Fällen erkennen werden.

»Neon« hatte mehrfach Vergewaltigungen begangen und »Krypton« hatte versucht, die Frau, die er kurz zuvor vergewaltigt hatte, zu töten.

NEON

An meinem ersten Arbeitstag in der Sicherungsverwahrung wurde ich von den Mitarbeitenden sehr freundlich mit einer eingetopften Sonnenblume begrüßt. Mein Büro war geräumig und mit modernen, lichtgrauen Möbeln eingerichtet. Doch das Sommerblau des Himmels wurde durch die Schatten massiver Streben verdunkelt: Ich saß hinter Gittern, so wie die Männer, die ich therapieren sollte.

Voller Neugier und Nervosität sah ich dieser Aufgabe entgegen. Mein Büro lag direkt neben dem langen Flur, von dem die einzelnen Zimmer der Sicherungsverwahrten abgingen. Ihre Wohnräume waren durch abschließbare Stahltüren gesichert. Jeder der Männer konnte sich tagsüber frei innerhalb des Hauses und des Freistundenhofs bewegen – also auch an meine Bürotür klopfen oder mich auf dem Weg zur Toilette abpassen. Zu meinem Schutz trug ich ein Funkgerät mit einem Alarmknopf am Hosenbund. Wenn ich diesen auslösen würde, kämen mir Mitarbeitende vom allgemeinen Vollzugsdienst zu Hilfe geeilt. Die Therapie würde in meinem Büro stattfinden, von Angesicht zu Angesicht mit den Verwahrten und mit dem Funkgerät an meinem Hosenbund. Weitere Sicherungsmaßnahmen waren nicht vorgesehen.

Ich fragte mich, ob die Männer mir respektvoll gegenübertreten oder versuchen würden, mich einzuschüchtern. Auf meinem Arbeitsrechner fand ich eine Datei mit einer Übersicht aller Sicherungsverwahrten. Darin waren ihre Namen, das Geburtsdatum und das Anlassdelikt, also die zuletzt begangene Straftat, vermerkt. Ich nahm einen Schluck von meinem Kaffee und arbeitete mich durch die Datei. Die meisten Männer schienen in den Fünfzigern zu sein. Den Namen nach zu urteilen, handelte es sich fast ausschließlich um Deutsche. Ich schätzte den Anteil derjenigen, die ein Sexualdelikt als Anlasstat hatten, auf ungefähr drei Viertel. Diese Männer hatten Vergewaltigungen oder Kindesmissbrauchsdelikte begangen. Die übrigen Verwahrten waren Gewaltstraftäter und für Raub, schwere Körperverletzungen oder (versuchten) Totschlag verurteilt worden. In einer weiteren Spalte war zu erkennen, ob die Verwahrten eine Therapie in Anspruch nahmen, um ihre Gefährlichkeit zu reduzieren. Diese Form der Behandlung war für die Untergebrachten freiwillig. Allerdings hatten nur diejenigen Männer überhaupt eine reelle Chance auf Entlassung aus der Sicherungsverwahrung, die eine Therapie machten.

Ich ging davon aus, dass die Männer, die sich nicht in Behandlung befanden, besonders uneinsichtig und schwierig in Hinblick auf ihre Persönlichkeit waren. In der Übersicht stach ein Untergebrachter besonders hervor: Er war mit 38 Jahren vergleichsweise jung und hatte als Anlassdelikt eine Vergewaltigung begangen. Anscheinend hatte er schon vor über einem halben Jahr die Behandlung abgebrochen, weswegen ich ihn für schwer therapierbar hielt. Aus den Vorlesungen in forensischer Psychologie wusste ich, dass die Gefährlichkeit von Gewalt- und Sexualstraftätern mit dem Alter abnimmt. Daher erschienen mir jüngere Verwahrte per se gefährlicher zu sein. Die Tatsache, dass dieser Mann mindestens eine Vergewaltigung begangen hatte, ließ ihn insbesondere für mich als Frau gefährlich erscheinen. Wir nennen den Untergebrachten hier »Neon«. Ich ahnte bereits, dass ich ihm bald begegnen würde.

Normalerweise bekommt man als neue Mitarbeiterin die Klienten von der Leitung beziehungsweise von den alteingesessenen Psychologen zugeteilt. In diesem Fall lief es anders: Neon wählte mich als seine Therapeutin aus und die Leitung der Einrichtung war vorerst damit einverstanden. Zu diesem Zeitpunkt wusste ich noch nicht, warum er ausgerechnet zu mir wollte. Ich versuchte, es mir damit zu erklären, dass er bereits alle anderen Therapeuten ausprobiert und in der Eintönigkeit der Sicherungsverwahrung Lust auf eine Veränderung hatte. Ich sollte erst später erfahren, was es damit auf sich hatte.

Mir blieb genug Zeit, um mich in Neons Akte einzulesen, bevor er zu seinem ersten Gesprächstermin erschien. Auffällig war, dass Neons Vorstrafenregister fast nur aus Sexualdelikten bestand. Er hatte keine Diebstähle, Körperverletzungen, Einbrüche oder Betrügereien begangen. Allerdings hatte er bereits eine Haftstrafe wegen Drogenhandels abgesessen, bevor er wegen zwei Vergewaltigungen verurteilt worden war.

Sein erstes Opfer war ein 15-jähriges Mädchen gewesen. Neon überredete die Jugendliche, mit in seine Wohnung zu kommen. Dort bedrohte er sie mit einer Schreckschusspistole und vergewaltigte sie. Neon wurde erneut inhaftiert, diesmal für drei Jahre. Die Haftstrafe wirkte nicht abschreckend auf den mittlerweile fast 30-jährigen Neon: Nur wenige Monate nach der Entlassung aus der Haft vergewaltigte er eine 21-Jährige. Auffällig war, dass das Opfer extrem untergewichtig war und daher deutlich jünger wirkte. Neon wurde für diese Tat nicht verurteilt, weil die junge Frau wegen einer Essstörung so stark gesundheitlich angeschlagen war, dass sie nicht als Zeugin vernommen werden konnte.

Ein paar Monate später verfolgte Neon eine 19-jährige Studentin auf dem Nachhauseweg. Kurz bevor sie ihr Wohnhaus erreichte, sprach er sie an. Die junge Frau reagierte ausweichend und ging schnell weiter. Auch Neon beschleunigte seinen Schritt, kam ihr schließlich sehr nah und drängte sie grob in den Hauseingang eines leer stehenden Gebäudes. Die marode Eingangstür gab hinter ihnen nach, Neon und die junge Frau stürzten in einen schummrigen Hausflur. Der körperlich überlegene Neon rappelte sich auf und baute sich in der Abgeschiedenheit des verlassenen Flurs vor seinem Opfer auf. Er nötigte die Studentin dazu, sich zu entkleiden und vergewaltigte sie. Die junge Frau durfte sich anschließend wieder anziehen und nach Hause gehen. Aufgrund einer genauen Personenbeschreibung konnte Neon als Täter überführt werden und wurde zu einer Haftstrafe von sechs Jahren mit abschließender Sicherungsverwahrung verurteilt.

Mir war mit Antritt meiner Tätigkeit in der Sicherungsverwahrung klar, dass ich von schrecklichen Straftaten lesen und hören würde. Von grausamen Tötungsdelikten bis hin zu Vergewaltigungen von Frauen und Kindern würde ich mit einem breiten Spektrum an menschlicher Boshaftigkeit konfrontiert werden. Und meine Erwartungen wurden bestätigt.

Dabei trat bei mir kein Gewöhnungseffekt oder gar eine Abstumpfung ein, sondern ich war immer wieder aufs Neue schockiert, angewidert und wütend auf den jeweiligen Sexualstraftäter, wenn ich dessen Akte las. Gleichzeitig wollte ich die Beweggründe und das Innenleben dieser Männer verstehen. Es beruhigte mich, dass sie sicher verwahrt waren und ich viel Zeit hatte, sie in Ruhe und unter relativ sicheren Bedingungen zu befragen. Diesen Gedanken hatte ich auch, nachdem ich Neons Akte gelesen hatte, und ich fragte mich, wie er wohl im persönlichen Kontakt auf mich wirken würde.

An einem Novembermorgen klopfte es einmal kurz, aber laut an meiner Bürotür. Das Klopfen klang so, als hätte jemand einen Stein an meine Tür geworfen. Ich sagte »Ja«, bat den Gast herein und erkannte Neon anhand eines Fotos aus seiner Akte. Er stand sehr aufrecht in der Tür und sah mich direkt an. Sein blauschwarzes, welliges Haar glänzte von der Pomade, die er benutzte, und er hatte ein ausgeprägtes Kinn, das er leicht nach vorn streckte.

Neon erinnerte mich optisch an die Beschreibung der Hauptfigur des Romans *Fegefeuer der Eitelkeiten* von Tom Wolfe: Sherman McCoy, ein 38 Jahre alter Broker an der Wall Street, der Millionen verdient und sich ein exquisites Apartment mit eigenem Dienstpersonal in Manhattan leistet. Er gilt als Prototyp der weißen Oberschicht und hat ein markantes sogenanntes »Yale-Kinn«, das er zur Unterstreichung seines arroganten Auftretens auf dominante Art vorstreckt.

Ich bot Neon einen Stuhl an. Mir fiel auf, wie jugendlich er wirkte. Als ich Neon erklärte, dass es erst mal darum gehen würde, einander kennenzulernen, war er einverstanden. Ich fragte ihn, was ihn derzeit beschäftige, und seine Gesichtszüge nahmen einen feindseligen Ausdruck an, als er mir erklärte:

»Die meiste Zeit verbringe ich in meinem Zimmer. Ich bin hier falsch und möchte mit diesen Verbrechern nichts zu tun haben.«

Wenn ich an dieser Stelle nachgefragt hätte, worin seiner Meinung nach der Unterschied zwischen ihm und den anderen Untergebrachten bestehe, wären wir mitten im Thema gewesen: nämlich beim Grund seiner Unterbringung hier und damit bei seinen Sexualstraftaten. Ich wollte aber einen leichteren Gesprächseinstieg wählen, weswegen ich fragte, welche Aktivitäten ihm Freude bereiteten. Neon antwortete: »Sie haben sicher schon die Gemälde auf den Fluren gesehen. Ich habe sie geschaffen und der Einrichtung zur Verfügung gestellt. Was halten Sie von meinen Bildern?«

»Ich wusste nicht, dass die von Ihnen sind. Sie sind sehr bunt«, antwortete ich zurückhaltend, denn ich fand die Bilder eher kitschig.

»Die Farben sind Ausdruck meiner Persönlichkeit. Ich bin ein lebensfroher Typ, mit dem man Spaß haben kann.« Als Neon meinen verwunderten Blick sah, führte er weiter aus: »Wir hätten uns draußen kennenlernen sollen. Da hätten Sie mich von einer anderen Seite gesehen.«

»Wie wäre das Ihrer Meinung nach gewesen, wenn wir uns draußen getroffen hätten?«, fragte ich interessiert.

Neon grinste mich siegessicher an: »Großartig natürlich! Wissen Sie, ich komme mit Frauen sehr gut aus. Sie schätzen meine lockere, witzige Art. Damals, in den Clubs, bin ich immer rasch mit Frauen ins Gespräch gekommen. Meine Kumpels waren oft neidisch auf meinen Erfolg.«

»Also denken Sie, dass ich Sie interessant gefunden hätte, wenn wir uns draußen begegnet wären?«

Mit direktem Blickkontakt antwortete Neon: »Ja.« Dann verfinsterte sich sein Gesichtsausdruck und er sagte: »Aber wir sind eben hier drinnen, in diesem verkommenen Verbrecherhaus.«

Ich fand es interessant, dass Neon sich als lockeren und witzigen Menschen beschrieb. Bisher hatte ich keine der beiden Eigenschaften bei ihm entdecken können. Er war sehr überzeugt von sich und seiner Anziehungskraft auf Frauen. Anscheinend reichte seine Vorstellung der eigenen Großartigkeit aber nicht so weit, dass er glaubte, ich würde ihn auch als Sexualstraftäter in der Sicherungsverwahrung unwiderstehlich finden.

Im weiteren Verlauf des Gesprächs kam Neon wieder auf das Thema Sicherungsverwahrung zurück und darauf, wie schrecklich er die Einrichtung und die Untergebrachten fand. Er hielt sich offensichtlich für einen besseren Menschen als seine Mitbewohner. Da Neon dieses Thema schon zum zweiten Mal aufbrachte, hakte ich diesmal nach: »Sie haben bereits vorhin die Sicherungsverwahrung als ›Verbrecherhaus‹ bezeichnet und betont, dass Sie hier falsch seien. Warum sehen Sie das so?«

Neons Blick wurde noch distanzierter, als er antwortete: »Sie wissen doch genau, wo wir hier sind. Die Triebtäter hier haben schwere Verbrechen begangen. Die sind extrem gewalttätig, aggressiv und gefährlich. Und ich bin wie Sie, einer von den Guten.«

Ich war erst mal sprachlos und überlegte kurz, ob Neon komplett verrückt sei und vielleicht an psychotischen Wahrnehmungsverzerrungen litt. Deswegen fragte ich genauer nach: »Ich stimme mit Ihnen darin überein, dass in der Sicherungsverwahrung Männer untergebracht sind, die wiederholt schwere Gewalt- oder Sexualstraftaten mit hohem Opferschaden begangen haben und als gefährlich gelten. Nun werden Sie hier ebenfalls verwahrt, weil sie mehrfach vergewaltigt haben. Wie kommen Sie darauf, dass Sie besser sind als die anderen Männer?«

Neon lehnte sich mit verschränkten Armen zurück und streckte sein Yale-Kinn leicht nach oben: »Weil ich keine Vergewaltigung begangen habe. Das sind falsche Anschuldigungen. Ich bin zu Unrecht hier.«

Ruhig entgegnete ich: »Es kommt manchmal vor, dass Menschen zu Unrecht für eine Straftat verurteilt werden. Das ist selten, aber möglich. Dass aber eine Fehlverurteilung gleich mehrfach passiert, ist extrem unwahrscheinlich.«

Neon reagierte aufgebracht und redete sich in Rage: »In meinem Fall gibt es nur zwei Verurteilungen wegen angeblicher Vergewaltigungen. Ich kann Ihnen erklären, wie es zu diesen falschen Anschuldigungen gekommen ist. Das Mädchen, wegen dem ich zuletzt verurteilt wurde, hatte psychische Probleme. Mein Anwalt hat herausgefunden, dass sie in der Vergangenheit vergewaltigt wurde. Das hat sie anscheinend nicht verarbeitet. Sie ist mir an der Bushaltestelle aufgefallen, ich bin ihr nachgegangen, habe sie nach ihrer Telefonnummer gefragt und versucht, sie zu küssen. Das war es aber auch schon. Ich konnte ja nicht wissen, dass sie traumatisiert ist und das als Vergewaltigung betrachten würde. Das andere Mädel hat mit mir freiwillig Sex gehabt. Ich habe es nicht nötig, jemanden mit einer Waffe zum Sex zu zwingen. Das hat sich das Mädel hinterher nur ausgedacht, weil sie mit mir zusammen sein wollte und ich ihr gesagt habe, dass ich keinen Bock darauf habe. Da ist sie durchgedreht und zur Polizei gegangen.«

Ich hakte bezüglich der angezeigten Vergewaltigung der magersüchtigen Frau nach, für die er nicht verurteilt worden war, und Neon antwortete: »Die war so krass abgemagert! Ich war neugierig und wollte unbedingt wissen, wie sie nackt aussieht. Also habe ich ihr Komplimente gemacht und ihr vorgespielt, dass ich sie mögen würde. Sie hat sich tatsächlich vor mir ausgezogen. Ihr Körper bestand nur noch aus Haut und Knochen. Haben Sie so was schon mal gesehen? Das war voll krass. Ich fand das fast ekelhaft.«

Als Neon meinen erschrockenen Gesichtsausdruck bemerkte, fügte er hinzu: »Also, ich habe sie nicht angefasst. Sie hat sich geschämt, nachdem sie nackt vor mir gestanden hatte und ich nichts mehr von ihr wissen wollte. Deswegen hat sie mich wegen Vergewaltigung angezeigt. Im moralischen Sinne habe ich mich vielleicht schuldig gemacht, aber ich bin deswegen kein Vergewaltiger.«

Neon versuchte, sich als ein zu Unrecht Verurteilter darzustellen, und wertete dabei seine Opfer ab. Ich glaubte Neons Version des Tatgeschehens nicht und fragte mich, ob er es tatsächlich für möglich hielt, dass ihm irgendjemand diese Geschichten abkaufte. Neon hätte wesentlich bessere Karten gehabt, aus der Sicherungsverwahrung entlassen zu werden, wenn er die begangenen Straftaten zugegeben und sie therapeutisch aufgearbeitet hätte. Aber die Aufrechterhaltung eines positiven Selbstbilds war ihm wichtiger als eine reelle Chance auf Entlassung. Neon musste vor sich selbst, vor seiner Familie und vor seinem gesamten Umfeld als ein zu Unrecht Verurteilter gelten, sozusagen als ein Opfer der Justiz und nicht als Täter, der vergewaltigt hatte.

In einer der späteren Sitzungen fragte ich Neon, was passieren würde, wenn er die Straftaten zugeben würde. Würde seine Familie, die ihn derzeit unterstützte, weiterhin hinter ihm stehen? Neon antwortete entschlossen: »Natürlich würde meine Familie weiterhin komplett zu mir stehen. Das haben sie mir auch von Anfang an gesagt. Aber ich gebe doch keine Straftaten zu, die ich nicht begangen habe.«

Neons Familie kaufte ihm Markenkleidung und schickte ihm Lebensmittelpakete, besuchte ihn jedoch nie. Dies rechtfertigte Neon damit, dass sich seine Eltern in dem verbrecherischen Umfeld unwohl fühlen würden, wofür er auch Verständnis hätte.

Neon gab mir gegenüber an, dass Gott etwas Großes mit ihm vorhabe und er deswegen »in diesem Verbrecherhaus« untergebracht sei: »Das Haus der Triebtäter hier ist Sodom und ich bin Lot.«

Ich war erstaunt, welche Ausmaße Neons Selbstüberschätzung angenommen hatte. Er ging nicht nur davon aus, dass er zu Unrecht verwahrt wurde, sondern er hielt sich sogar für ein besonders geliebtes Geschöpf Gottes mit herausragender Bedeutung. Die Sicherungsverwahrung verglich Neon mit der Stadt Sodom, die in der Bibel als sündhaft galt. Lot, ein Neffe Abrahams, wird in der Bibel (im Buch Genesis) als gerechter Mann dargestellt, der von Gott gerettet wurde, bevor dieser die sündhaften Städte Sodom und Gomorrha zerstörte.

Neon war nicht religiös erzogen worden. Er hat sich erst mit der christlichen Lehre beschäftigt, als er zum zweiten Mal wegen einer Vergewaltigung inhaftiert worden war. Er ließ sich taufen und ging wöchentlich zum Gottesdienst. Biblische Geschichten schien er geradezu aufzusaugen und auf sich selbst zu beziehen. Dabei verwendete er seine eigene, selbstwertdienliche Interpretation der Glaubenslehre. Er betonte nicht etwa christliche Werte wie Nächstenliebe, Demut und Barmherzigkeit, sondern zelebrierte seine persönliche und besondere Beziehung zu Gott, den er als gerecht und strafend in Bezug auf schlechte Menschen erlebte.

Neon erzählte oft davon, wie nahe er sich Gott in manchen Situationen fühle. Beim Gebet mit dem Geistlichen während des Sonntagsgottesdiensts habe er die Augen geschlossen und Gott in sich gespürt. Als Neon diese Erfahrung mit mir teilte, fing er an zu weinen. Er kniff dabei die Augen zusammen, warf den Kopf zurück und strich sich mit den Händen übers Gesicht.

Ich empfand diese übertriebenen und unecht wirkenden Gebärden Neons als peinlich. Er war so sehr mit dieser Inszenierung beschäftigt, dass er meinen skeptischen Gesichtsausdruck nicht bemerkte. Dennoch war ich davon überzeugt, dass Neon tatsächlich an diese tiefen Empfindungen und seine innige Beziehung zu Gott glauben wollte und diese Show nicht nur für mich aufführte.

Neon war ein Einzelgänger und die meisten Untergebrachten zeigten ihm, dass sie ihn nicht mochten. Auch die Mitarbeitenden der Einrichtung empfanden wenig Sympathie für ihn, obwohl er in seiner Selbstwahrnehmung doch einer von den »Guten« war. Einsamkeit in Kombination mit einem Mangel an Anerkennung und Aufmerksamkeit ist für jeden

Menschen schmerzhaft. Für den narzisstischen Neon aber bedeutete der Ausschluss durch die »Bösen«, dass er besonders gut war. Seiner Ansicht nach hatte Gott besondere Pläne für ihn, die es Neon ermöglichten, sich und seiner Familie eine heldenhafte Erklärung für den vermeintlich unrechtmäßigen Verbleib in der Sicherungsverwahrung zu geben.

Narzissten haben einen Hang zum Extremen. Sie verfolgen ihre Interessen und Aktivitäten nicht halbherzig, sondern agieren eher nach dem »Alles-oder-nichts«-Prinzip. Wenn sie sich für eine Sache begeistern, investieren sie sehr viel Zeit und Energie hinein, bleiben dabei aber starr und lassen nur ihre eigene Deutung gelten. In Neons Fall lag der Fokus seines Interesses auf der Malerei und der Religion. Er vertrat vehement seine persönliche Interpretation der Bibel und ließ sich auch vom Anstaltsgeistlichen nicht von der Idee abbringen, dass er »Lot« und die Sicherungsverwahrung »Sodom« sei. Dabei war Neon jedoch nicht psychotisch, denn er verwendete diese Bibelgeschichte eher als Metapher für seine persönliche Situation in der Sicherungsverwahrung und glaubte nicht wirklich, dass er Lot sei.

Was seine Malerei betraf, pries er seine eigene Farb- und Motivauswahl sowie seine Maltechnik, versäumte es aber, den Kunstkurs der Einrichtung zu besuchen, um neue Stile und Techniken auszuprobieren oder seine Fertigkeiten zu erweitern. In seiner Wahrnehmung war er bereits ein Genie.

Dass sich Neon ausgerechnet für eine religiöse Obsession entschied, ist nicht verwunderlich für einen Narzissten, da Menschen mit dieser Persönlichkeitsstörung zu ausgeprägtem Schwarz-Weiß-Denken neigen. Die christliche Lehre, aber auch andere monotheistische Religionen bieten eine hervorragende Plattform für diese dichotomen Weltbilder. Menschen mit dieser Sichtweise teilen das Universum in zwei gegensätzliche Pole auf: Himmel und Hölle, Gott und Teufel, Gläubige und Ungläubige, fromm und sündig, rein und verdorben, Feind und Freund. Graustufen zwischen diesen beiden Extremen gibt es für Schwarz-Weiß-Denker nicht. Eine solche Überzeugung hat für den Betroffenen den Vorteil, dass eine komplexe und unübersichtliche Welt vereinfacht wird. Der Narzisst hat in dieser Dichotomie die Deutungshoheit über die Zuordnung von Personen und Sachverhalten, was ihm ein Gefühl von Sicherheit, aber auch von Kontrolle und Macht gibt.

Die meisten Männer in der Sicherungsverwahrung hatten schreckliche Kindheitserlebnisse. Sie wurden vernachlässigt, körperlich misshandelt oder sexuell missbraucht, hatten früh nahe Angehörige verloren, mussten alkoholkranke Eltern ertragen oder ihre Kindheit in Heimen verbringen. Neons Kindheit erschien im Vergleich zu den Biografien anderer Verwahrter wie ein kleines Idyll. Neon beschrieb selbst, dass er wie ein »Prinz« behandelt worden sei. Von seinen Eltern, die selbstständige Unternehmer waren, bekam Neon teure Geschenke.

Aus den Berichten von seiner Kindheit lässt sich schließen, dass er bewundert und verwöhnt wurde. Die Menschen, die ihn aufzogen, setzten ihm kaum angemessene Grenzen, sodass er nicht gelernt hatte, auch die Bedürfnisse anderer zu akzeptieren und Regeln einzuhalten. Er stand innerhalb seiner Familie als »kleiner Prinz« im Fokus und Fehlverhalten seinerseits wurde nicht sanktioniert. Aber natürlich wird nicht jedes verwöhnte Kind zu einem Narzissten oder gar zum Vergewaltiger. Neons eigenartige Gestaltung der Beziehungen zu seinen Mitmenschen, seine religiösen Ideen, die begangenen Straftaten und seine herablassende Einstellung zu seinen Opfern können aus meiner Sicht nicht nur durch die Verwöhnung in der Kindheit entstanden sein.

Die Ursachen für die Entwicklung einer narzisstischen Persönlichkeitsstörung sind vielfältig. Als begünstigende Umweltfaktoren können nicht nur Überbehütung und übermäßige Bewunderung, sondern auch das Gegenteil, nämlich Vernachlässigung oder übertriebene Kritik, zur Ausprägung einer solchen Persönlichkeit führen. In Bezug auf Neon hegte ich den Verdacht, dass er zwar in materieller Hinsicht verwöhnt, aber emotional vernachlässigt worden war. Seine Eltern waren möglicherweise kühl und distanziert im Umgang mit ihm gewesen, interessierten sich nicht tiefergehend für ihn und kompensierten diesen Mangel an Wärme mit teuren Geschenken und oberflächlichem Lob. Mit dieser Theorie erklärte ich mir die kalten, leeren und oberflächlichen Anteile von Neons Persönlichkeit. Womöglich hatte Neon aber auch frühkindliche traumatische Erfahrungen gemacht, an die er sich nicht erinnern konnte, und war deshalb so auffällig. Hinzu kommen mögliche genetische Anteile, die eine narzisstische Persönlichkeitsentwicklung begünstigen.

Trotz der Tatsache, dass ich Neon als eher unsympathisch empfand, versuchte ich weiterhin, eine konstruktive und stabile Beziehung zu ihm aufzubauen. Neon teilte, wie oben erwähnt, Menschen in seinem Umfeld in Schwarz und Weiß ein. Vorherige Therapeuten befanden sich mittlerweile auf der schwarzen und ich mich (noch) auf der weißen Seite, weil ich mich mit kritischen Äußerungen bezüglich seiner Person bisher zurückgehalten hatte. Ich wusste, dass sich das schnell ändern konnte, sobald ich damit beginnen würde, Neons Ansichten zu hinterfragen.

In der Phase des therapeutische Beziehungsaufbaus erzählte mir Neon von einer Freundin, mit der er eine einjährige Beziehung geführt habe. Sie hieß Stella und war eine sportliche und schlanke Schülerin. Neon lernte sie auf einer Kirmes kennen und beeindruckte sie mit einer hohen Trefferquote an einem Schießstand. Stella bekam eine riesige Diddl-Maus von Neon geschenkt, die er für sie geschossen hatte.

Neons Augen strahlten, wenn er von Stella erzählte: »Stella war eine echte Schönheit. Sie hatte den perfekten Körper mit flachem, durchtrainiertem Bauch. Es war Liebe auf den ersten Blick. Deswegen ist sie schon ein paar Tage, nachdem wir zusammengekommen sind, zu mir gezogen. Wir hatten viel Spaß miteinander. Ich war ihr erster Freund.« Neon grinste an dieser Stelle besonders breit und führte weiter aus: »Ihre Mutter fand es nicht so toll, dass sie zu mir gezogen war. Sie machte sich Sorgen, dass ich Stella vom Lernen abbringen würde. Stella war mega intelligent.«

Narzissten streben nach idealer Liebe und wählen dafür eine Partnerin, die ihren hohen Ansprüchen gerecht wird. In Neons Fall verkörperte Stella dieses Ideal. Sie war jung, schön, schlank, sportlich, intelligent und sexuell unerfahren, was von besonderer Bedeutung für Neon war, um »als erster richtiger Freund« einen bleibenden Eindruck bei ihr hinterlassen zu können. Neon betrachtete sich selbst ebenfalls als attraktiv und sportlich. Außerdem konnte er seiner Freundin in finanzieller Hinsicht etwas bieten. Neon hatte sich eine hohe Position im Drogenhandel erarbeitet und versorgte mehrere Landkreise mit Partydrogen. Dabei rührte er selbst keine Drogen an und feierte in Technoclubs völlig nüchtern. Seiner schönen Freundin Stella bot er mit dem illegal erwirtschafteten Drogengeld edle Schmuckstücke, exquisite Kleidung und teure Restaurantbesuche. Fünf Monate nach ihrem Kennenlernen wurde das Glück des Paares durch Neons Inhaftierung zerstört. Neons Drogengeschäfte flogen auf. Während der Untersuchungshaft hielt Stella weiterhin zu ihrem Freund, doch nach der Verurteilung trennte sie sich von ihm.

Man merkte Neon nach mehr als einem Jahrzehnt immer noch an, dass er diese Trennung nicht verwunden hatte. Stella war für ihn die perfekte Frau. Er suchte eine Partnerin wie sie oder eine vergleichbare Liebeserfahrung wie mit ihr auch noch in seinen späten Zwanzigern und Dreißigern. So erzählte er mir, dass ihn das Opfer aus dem Anlassdelikt an Stella erinnert hätte. Sie habe denselben Körperbau und dieselbe Art, sich zu bewegen, gehabt.

Als Neon mehr Vertrauen zu mir entwickelt hatte, erzählte er mir, dass auch ich ihn optisch an Stella erinnern würde. Er sagte dies allerdings nicht mit einem traurigen oder sehnsuchtsvollen Unterton, sondern in einer unterkühlten Art, als würde er eine sachliche Feststellung treffen. Mir dämmerte nun, warum er ausgerechnet zu mir in die Therapie hatte gehen wollen. Die Beziehung zwischen Neon und Stella hatte kaum über die anfängliche Verliebtheitsphase hinaus angedauert und Neon war in der Phase der Idealisierung von Stella haften geblieben. Neon war immer noch auf der Suche nach einer Frau wie Stella und fand Elemente von ihr sowohl in seinen Opfern als auch in mir als seine Therapeutin. Die Idealisierung von Stella könnte uns so vorkommen, als sei Neon besonders romantisch und gefühlvoll. Dies ist allerdings ein Trugschluss, da Narzissten vor allem um sich selbst kreisen und nur deshalb mit einer vermeintlich perfekten Partnerin zusammen sein wollen, um sich selbst darin zu bestätigen, dass sie großartig sind und es geschafft haben, diese besondere, schöne Frau für sich zu gewinnen.

Neons Präferenz für junge, sehr dünne weibliche Opfer hatte wahrscheinlich nicht nur mit der Idealisierung Stellas, sondern auch mit der narzisstischen Aufwertung von jugendlicher Schönheit und Anmut zu tun. Neon präsentierte sich selbst als jugendlich, in der Art, wie er redete, sich kleidete und bewegte.

In seinem narzisstischen Drang, sich mit Jugend, Schönheit und schlanken Körpern zu umgeben, wagte er sich in immer extremere Bereiche vor und versuchte, sich durch die Annährung an extrem dünne Frauen Befriedigung zu verschaffen. Hinter der Obsession, Macht und Kontrolle über besonders zerbrechliche und dadurch fast kindlich anmutende Frauenkörper zu gewinnen, verbarg sich Neons Wunsch nach ewiger Jugend und dem Entkommen vor seinem eigenen körperlichen Verfall. Die Sehnsucht Neons nach ewiger Jugend erinnerte mich an Dorian Gray aus dem Buch *Das Bildnis des Dorian Gray* des irischen Schriftstellers Oscar Wilde. Der attraktive Dorian besitzt in dem Buch ein Porträt von sich selbst, das an seiner Stelle altert und sich sukzessive zu einem entstellten Monster entwickelt, während er selbst makellos schön und jung bleibt, aber charakterlich immer ausschweifender und grausamer wird. Ich war mir sicher, dass auch Neon ein solches Zauber-Porträt besitzen wollen würde, das ihm ewige Jugend ermöglichte.

Bemerkenswert ist, dass Neon mich an gleich zwei schillernde literarische Figuren erinnerte: Sherman McCoy und Dorian Gray. Das liegt wahrscheinlich daran, dass Menschen mit narzisstischer Persönlichkeitsstörung zwar egozentrisch sind und ihre Mitmenschen damit abstoßen, andererseits aber auch sehr unterhaltsame und aufregende Seiten an sich haben. Nicht selten sind sie »Rampensäue«, Alleinunterhalter und Influencer. Wenn wir uns die eingangs erwähnten Kriterien für eine narzisstische Persönlichkeitsstörung noch einmal vor Augen führen, treffen auf Neon die folgenden zu:

1. Neon hatte ein grandioses Gefühl der eigenen Wichtigkeit. Um sich selbst zu erhöhen und seine Unterbringung in der Sicherungsverwahrung zu rechtfertigen, war er der Überzeugung, als unschuldiger und »guter« Mensch zu Unrecht verwahrt zu sein und einen Auftrag von Gott erhalten zu haben. Dieser Auftrag bestand für ihn darin, die Niedertracht und Gefährlichkeit der anderen Untergebrachten aufzudecken, um als einziger Gerechter erkannt zu werden, so wie der biblische Lot in der sündigen Stadt Sodom.

2. Neon ist eingenommen von Fantasien grenzenloser Jugend, Schönheit und idealer Liebe. In Stella hatte er vermeintlich die perfekte Partnerin gefunden und suchte noch Jahre nach dem Ende der Beziehung nach einer Frau, die so war wie Stella. Sein sexuelles Begehren war auf sehr junge und schlanke Frauen beschränkt und er betrachtete sich selbst als jungen Mann in den Zwanzigern.
3. Neon war der Überzeugung, dass er besonders und einzigartig sei. Schon als Kind wurde er wie ein verwöhnter Prinz behandelt. Er betonte mir gegenüber oft, wie erfolgreich er als junger Erwachsener im Drogenhandel gewesen sei. Er habe mehrere Landkreise mit Partydrogen versorgt. In der Sicherungsverwahrung war er aus seiner Sicht der einzige unschuldig Verwahrte, zudem ein begabter Künstler und Christ, der seine Gottesliebe inbrünstig zelebrierte.
4. Das Kriterium »Verlangen nach übermäßiger Bewunderung« empfinde ich als nicht vollkommen zutreffend auf Neon. Statt aus Bewunderung zog Neon vielmehr Befriedigung aus der Tatsache, dass ihn bestimmte Menschen, die er als bösartig empfand, verabscheuten. Somit strebte er eine invertierte Form der Bewunderung an.
5. Neon legte ein erhöhtes Anspruchsdenken an den Tag. Er forderte Sonderbehandlungen, wie beispielsweise die eigenständige Wahl seines Therapeuten

oder besonders weite »Ausführungen« zu seinen Eltern, die als Tagesausflug kaum realisierbar waren. Wenn die Einrichtung seinen Forderungen nicht nachgab, war er aufgebracht, schaltete seinen Anwalt ein und zog sich schmollend in sein Zimmer zurück.

6. Neon verhielt sich in zwischenmenschlichen Beziehungen teilweise ausbeuterisch. Durch die Annäherung an extrem dünne Frauen versuchte er, sich und seinem Wunsch nach ewiger Jugend Befriedigung zu verschaffen.
7. Neon empfand keinerlei Empathie für seine Mitmenschen und deren Bedürfnisse. Dies zeigte sich sowohl im persönlichen Kontakt, bei dem ein Mangel an Feingefühl deutlich wurde, als auch in Hinblick auf seine Opfer.
8. Ich konnte keine Hinweise darauf finden, dass Neon neidisch auf andere Menschen war. Über seine Kumpels, mit denen er früher durch die Clubs gezogen war, sagte er aber, dass sie neidisch darauf gewesen seien, dass er so leicht Frauen von sich überzeugen konnte.
9. Neon zeigte sich seinen Mitmenschen gegenüber arrogant und wertete Mitverwahrte ab. Selbst seine Körperhaltung mit dem vorgereckten Kinn wirkte überheblich.

Als ich nach einer langen Phase des Beziehungsaufbaus begann, Neon kritisch zu hinterfragen, ließ er das kaum zu. Er beharrte auf seinen verqueren Ansichten zum Tatgeschehen und der Abwertung anderer Sicherungsverwahrter. An guten Tagen grinste er einfach nur, doch wenn er angespannt war, redete er sich in Rage. Seine Monologe waren endlos. Ich habe bis heute keinen anderen Menschen kennengelernt, der so starr und kompromisslos auf seiner Sicht der Dinge beharrt, wie Neon es tat.

Irgendwann brach er den Kontakt zu mir ab und zog sich, wie schon so oft, in seinen Haftraum zurück. Die Situation mit den anderen Verwahrten hatte sich inzwischen derart zugespitzt, dass zwei von Neons Gemälden auf den Fluren beschmiert worden waren. Dies führte dazu, dass Neon seine geliebten Kunstwerke von den Fluren entfernte, sie verpackte und mit der Post zu seinen Eltern schickte. Gespräche konnte ich mit ihm nur noch führen, wenn ich ihn in seinem Zimmer besuchte.

Eines Tages öffnete er die schwere Metalltür zu seinem Zimmer nur noch einen Spalt breit und sagte, dass ich verschwinden solle. Er setzte nach: »Ich bekomme Essstörungen, wenn ich eure Fressen sehe.«

KRYPTON

Der Raum war dunkel. Ein Spotlight war auf einen Mann gerichtet, der sich vor mehreren Stuhlreihen aufgebaut hatte. Vor wenigen Sekunden hatte er mit viel Pathos einen selbst verfassten Text vorgetragen. Jetzt stand er mit weit zur Seite ausgestreckten Armen vor seinem Publikum und badete im zunehmend kräftigeren Applaus. Er verbeugte sich tiefer, richtete sich auf und legte sich die Hände, gespreizt wie Palmenfächer, auf die Brust.

Poetry-Slam im Gefängnis war anscheinend so etwas wie Gangster-Rap mit moralischem Appell an die Zuschauer, Mitgefühl für den Banditen zu empfinden. Die Performance des Künstlers empfand ich als etwas überdramatisch, aber durchaus unterhaltsam, und ich stimmte in den Applaus ein. Der Künstler wurde wenige Wochen später mein Klient – »Krypton«.

Kryptons aktueller Therapeut war in den Vierzigern, trug eine Brille mit runder, goldfarbener Fassung und ein taubenblaues Kordjackett. Er empfand die Arbeit in der Sicherungsverwahrung als deprimierend, deswegen hatte er den Job gekündigt und wollte seine eigene Praxis eröffnen. Er stimmte mich auf meinen neuen Klienten Krypton ein: »Der Fall ist aussichtslos. Der Mann hat keinerlei Behandlungsmotivation.«

»Kommt er denn nicht zu den Therapiegesprächen?«, fragte ich.

»Das schon, aber er dominiert das Gespräch und redet nur über Themen, über die ER sprechen will.«

»Wie steht er zu seinen Straftaten?«

Kryptons Therapeut machte eine abschätzige Bewegung mit der Hand: »Er leugnet seit Jahren konsequent die Sexualstraftat. Man kommt nicht an ihn ran. Auch sonst ist er sperrig. Du kannst dir Zeit mit ihm lassen. Außerdem kifft er regelmäßig. Das Thema solltest du zuerst mit ihm angehen. Allerdings sieht er in dem Bereich ebenfalls keinen Behandlungsbedarf.«

Ich erfuhr bereits in den ersten Tagen meiner Tätigkeit in der Sicherungsverwahrung, wie leicht es für Insassen ist, sich innerhalb der Sicherungsverwahrung alle möglichen unerlaubten Gegenstände und Substanzen zu besorgen. Die Möglichkeiten, Drogen hinter die hohen Mauern mit Stacheldraht zu schaffen, sind vielfältig: Überwürfe über die Außenmauer, Schmuggel in diversen Verstecken und Körperöffnungen von Besuchern wie Partnerinnen und Rechtsanwälten, Abwürfe von Drohnen, manipulierte Post oder der Handel mit bestechlichen Mitarbeitenden der Einrichtung. In der Verwahrung war es für die Untergebrachten somit nicht schwer, ihren Drogenkonsum ungehindert fortzusetzen oder in der Tristesse des Gefangenenalltags überhaupt erst aufzunehmen. Allerdings war der völlige Verzicht auf Drogen ein wichtiger Behandlungsschritt, ohne den keine weiteren Lockerungen möglich waren. Als Beweis für ihre tatsächliche Abstinenz mussten die Verwahrten regelmäßig unangekündigte Drogentests abgeben. Manche Untergebrachte waren sehr einfallsreich und entwickelten Methoden, um den Drogentest zu manipulieren, beispielsweise indem sie den Urin anderer, drogenfreier Verwahrter abfüllten und bei den bewachten Kontrollen die Flüssigkeit heimlich über einen Schlauch in den Becher laufen ließen.

Die Tatsache, dass Kryptons Therapeut ihn für einen hoffnungslosen Fall hielt und äußert kritisch betrachtete, zeigte er nicht in dem Übergabegespräch zu dritt. Das Büro des Therapeuten war klein, warm und staubig. Lichtdurchlässige, aber vergilbte Vorhänge verdeckten die Fenster, sodass die hereinscheinenden Sonnenstrahlen den Raum in einen dottrigen

Gelbton hüllten. Krypton wirkte auf seinem Sitzplatz zwischen Tischkante und Bücherschrank geradezu eingezwängt.

Er wandte sich seinem Therapeuten zu und sagte: »In den vergangenen drei Jahren hatten wir keinen einzigen Streit. Wir haben uns sehr gut verstanden, oder?«

Der Therapeut nickte, lächelte breit und bestätigte: »Stimmt, gestritten haben wir uns nie.« Jetzt lachte der Psychologe sogar etwas und auch Krypton lächelte.

Ich fand diese Szene faszinierend. Neugierig beobachtete ich den Therapeuten und suchte nach einer Spur Negativität in seinem Gesicht, konnte aber keine solche Regung entdecken. Wie konnte es sein, dass es in drei Jahren Therapie keinen einzigen Streit zwischen dem Psychologen und seinem dominanten Klienten gegeben hatte, der versuchte, die Themen vorzugeben und die Gespräche in die von ihm gewünschte Richtung zu lenken? Hatte Krypton seinen Therapeuten durchgängig dominiert und kontrolliert, sodass es nie zu intensiveren Meinungsverschiedenheiten gekommen war? Oder gab es Streitigkeiten, die Krypton allerdings zum Abschied verharmlosen wollte, um seine Selbstsicht als »angenehmer und kooperativer Klient« zu wahren, wobei der Therapeut mitspielte? Wenn dem so war, wunderte es mich, dass der Therapeut keinen Widerspruch einlegte und zum Beispiel erwiderte: »Stimmt, große Streitigkeiten gab es nicht, aber wir hatten schon ein paar Konflikte.«

18 Monate später, nach meinem eigenen Abschied von Krypton, hätte ich mir gewünscht, dass ich mich ebenso diplomatisch verhalten hätte wie Kryptons Ex-Therapeut bei diesem Abschlussgespräch.

Aus Gesprächen mit Krypton und mehrbändigem Aktenmaterial zu seinem Fall konnte ich mir ein umfassendes Bild über Kryptons Leben und kriminelle Aktivitäten machen: Der 55-jährige Verwahrte hatte bereits über 25 Jahre und damit etwa die Hälfte seines bisherigen Lebens hinter Gittern verbracht.

Krypton hatte eine bewegte Kindheit und Jugend mit Verlusterfahrungen hinter sich. Als Jugendlicher lebte er auf der Straße und konsumierte harte Drogen. Wiederholt wurde er für verschiedene Delikte inhaftiert, darunter auch Körperverletzungen. Er verarbeitete seine Vergangenheit in Form von Kurzgeschichten und Gedichten.

Nach dem Absitzen der jeweiligen Haftstrafen setzte er sein kriminelles Verhalten unverändert fort. Sein Anlassdelikt, für das er zu einer neunjährigen Haftstrafe mit anschließender Sicherungsverwahrung verurteilt wurde, war besonders schwerwiegend: Krypton war ein rücksichtsloser Autofahrer, der ohne Führerschein fuhr, und öfter in Unfälle verwickelt. In einer warmen Septembernacht raste er mit einem geliehenen Auto durch die Stadt und kam an einer roten Ampel zu spät zum Halten, sodass er auf das vor ihm stehende Auto auffuhr. Dabei wurde zwar niemand verletzt, allerdings entstand ein erheblicher Sachschaden an den beiden Pkw. Krypton wollte vermeiden, dass die Polizei hinzugezogen wurde, und begann mit der anderen Autofahrerin zu verhandeln. Diese war eine 33-jährige Krankenschwester, die sich nach einer anstrengenden Schicht nach Ruhe sehnte und eine unkomplizierte Einigung anstrebte. Sie bot Krypton an, mit ihr in ihre Wohnung zu kommen, die in unmittelbarer Nähe des Unfallorts lag, um den Sachverhalt zu klären. Krypton ging auf das Angebot ein, obwohl er während der Parkplatzsuche kurzzeitig überlegte, Fahrerflucht zu begehen. Insgeheim hoffte er auf eine sexuelle Liaison mit der Frau. Im Wohnzimmer der Frau tranken beide Kaffee und Krypton bot ihr 80 Euro an, um den verursachten Schaden wiedergutzumachen. Da die Frau den Betrag für die Reparatur ihres Pkw als zu gering ansah, verhandelte sie mit ihm, und sie einigten sich auf 200 Euro.

Krypton hatte jedoch nicht vor, den Betrag zu zahlen. Stattdessen versuchte er, sich der Frau körperlich anzunähern, indem er, neben ihr auf dem Sofa sitzend, durch den Stoff ihrer Bluse ihre Brüste berührte. Die Frau sprang entsetzt auf und verlangte von Krypton, dass er sofort die Wohnung verlassen solle. Krypton wurde jedoch noch zudringlicher, drückte sie zurück auf die Couch und schob ihren Rock hoch.

Als sie begann, sich mit Schreien, Tritten und Schlägen zu wehren, hielt er die Frau an den Handgelenken fest und legte sich mit seinen 90 Kilo auf sie. Mit seinem Körpergewicht fixierte er sie, während er ihr mit einer Hand den Slip herunterzog. Trotz erbitterter Gegenwehr und der Hilferufe vergewaltigte Krypton die junge Frau bis zum Samenerguss.

Nach der Vergewaltigung zog er sich wieder an und tat dabei so, als sei nichts vorgefallen. Voller Empörung sagte sein Opfer, dass es jetzt die Polizei rufen werde, und ging zum Telefon. Krypton wollte dies unbedingt verhindern, packte die Frau in dem Moment, als sie den Hörer abnahm, und versuchte, die Kontrolle über sie zu gewinnen. Die Frau schrie und Krypton versuchte, ihr den Mund zuzuhalten, was ihm wegen ihrer erheblichen Gegenwehr kaum gelang.

Er ergriff einen Schal von einem Tisch, wickelte ihn um den Hals der Frau und zog an beiden Enden kräftig zu, um sie zu strangulieren. Mit starrem Gesichtsausdruck befahl er ihr: »Sei still. Dann geht es ganz schnell.« Der Frau gelang es, zwei Finger zwischen ihren Hals und den Schal zu schieben und ihn damit von sich wegzudrücken. Dennoch verlor sie das Bewusstsein.

Eine Nachbarin hatte den Lärm gehört und die Polizei gerufen. Als die verzweifelten Schreie nicht endeten und sogar noch dramatischer klangen, beschloss die Nachbarin, über die geöffnete Balkontür in die Wohnung des Opfers einzudringen, um diesem zu helfen. Im Wohnzimmer sah sie, wie Krypton neben dem Sofa ihre Nachbarin strangulierte. Entschlossen ergriff sie eine Stehlampe und schlug dem Angreifer damit auf den Kopf, der daraufhin von seinem Opfer abließ. Krypton war von dem Schlag leicht benommen und konnte von der bald darauf eintreffenden Polizei ohne Gegenwehr festgenommen werden. Sein Opfer überlebte den Angriff mit erheblichen körperlichen und psychischen Verletzungen.

Das Vorgehen bei dem Delikt sagte einiges über Krypton aus: Er war ein Mann, der rücksichtslos seine eigenen Interessen durchsetzte und unter Einsatz roher Gewalt seine sexuellen Bedürfnisse befriedigte. Er schreckte nicht davor zurück, einen anderen Menschen zu töten, um eine zuvor begangene Straftat zu verdecken. Aus der Schnelligkeit seines Angriffs auf sein Opfer zur Verhinderung des Anrufs bei der Polizei schloss ich, dass er impulsiv war und seinen Ärger unmittelbar ausagierte. Dies in Kombination mit der Tatsache, dass er das Delikt leugnete und damit keine Einsicht in sein eigenes Fehlverhalten zeigte, kennzeichnete ihn als besonders gefährlichen Mann.

Die ersten Therapiegespräche sagte Krypton ab. Mit leicht nach vorne gebeugter Körperhaltung, eine Hand an seinen Rücken gestützt, stand er in meinem Büro und sagte mit leiser Stimme: »Es tut mir unendlich leid, aber ich kann im Augenblick nicht zur Therapie kommen. Mir geht es gesundheitlich schlecht und ich brauche Ruhe. Ich kann noch nicht zu Ihnen kommen. Das kostet zu viel Energie. Ich komme auf Sie zu, wenn ich so weit bin.«

Zwei Monate später tauchte Krypton, der Poetry-Slammer, dann mit einem Aktenordner in meinem Büro auf und sagte: »Mir geht es zwar immer noch nicht besser, aber ich bin zu dem Schluss gekommen, dass es wichtig ist, meine Therapie mit Ihnen fortzusetzen. Sie sollen verstehen, wer ich bin. Deswegen habe ich Ihnen eine Auswahl meiner literarischen Werke mitgebracht. Ich verarbeite Erfahrungen aus meinem Leben in Form von Gedichten und Kurzgeschichten. Lesen Sie das, dann können wir darüber sprechen.«

Bereits beim ersten Kontakt bestimmte Krypton, wann er mit der Therapie beginnen wollte und welche Inhalte besprochen werden sollten. Ich ließ mich auf seinen Vorschlag ein, um die Chancen zu erhöhen, eine Arbeitsbeziehung zu ihm aufzubauen. Seine Texte waren gut formuliert und trieften vor Pathos. Es ging darin vornehmlich um sein Leiden in Gefangenschaft, Liebesbeziehungen und transzendente Erfahrungen. Krypton liebte es, über seine Texte zu reden. Wie ein Schauspieler oder ein besonders beflissener Redner wählte er starke Worte, sprach laut und deutlich und verwendete große Gesten. Es war ihm wichtig, sich als jemand Besonderes darzustellen, als einen Mann mit besonderen Talenten. Er betonte, wie zuverlässig und leistungsstark er sei. Obwohl er sehr unter der Gefangenschaft leide, habe er eine Arbeitstätigkeit in der Schreinerei aufgenommen. Jedes Möbelstück, das er gefertigt, repariert oder aufpoliert habe, sei perfekt. Er sei der beste Arbeiter der Werkstatt.

Wegen der übertrieben positiven Selbstdarstellung Kryptons sprach ich mit dem Leiter der Schreinerei und befragte ihn zu Kryptons Arbeitsqualität. Er sagte, dass Kryptons Leistungsbereitschaft schwankend sei. Wenn er einen guten Tag habe, sei die Qualität seiner Arbeit in Ordnung. Er beklage sich allerdings oft über körperliche Beschwerden. Kritik an seiner Arbeit könne er nur schwer ertragen. Er sei oft launisch und gebe sich vor neuen Kollegen als der erfahrene Alleskönner. Diese Diskrepanz zwischen der grandiosen Selbstwahrnehmung Kryptons und der kritischen Fremdeinschätzung durch den Werkstattleiter deutete auf das Vorhandensein einer narzisstischen Persönlichkeitsstörung bei Krypton hin. Wir werden später die diagnostischen Kriterien für eine narzisstische Persönlichkeitsstörung auf Krypton anwenden, doch zuerst noch weitere Eindrücke von ihm sammeln.

In den Gesprächen mit Krypton hatte ich oft den Eindruck, dass er versuchte, die Rollen zu vertauschen, um sich selbst zum Therapeuten zu erheben. So bestand er zu Beginn einer jeden Sitzung mit einem gönnerhaft ausgestreckten Arm darauf, dass ich mich zuerst setzen solle, bevor er Platz nahm, als sei ich die Klientin in seinem Therapiezimmer. Noch bevor ich ihm eine Frage stellen konnte, fragte er laut: »Wie geht es Ihnen?« Wenn ich dann knapp antwortete »Gut«, war er nicht zufrieden und wiederholte seine Frage: »Nein, das meine ich nicht. Wie geht es Ihnen *wirklich*?«

Ich fand dieses Gehabe zunächst verwirrend, zeitweise war es irgendwie unterhaltsam, doch meistens ärgerte es mich, vor allem, weil es immer nach dem gleichen starren Schema ablief und Krypton sich nur schwer von diesem Muster abbringen ließ. Zudem war Krypton sehr auf seinen eigenen Vorteil bedacht. Er wünschte sich einen zusätzlichen therapeutischen Ausgang, damit er mir bedeutsame Ort aus seiner Kindheit und Jugend zeigen konnte. Mit der gewohnten Theatralik betonte er, wie wichtig ihm dieser Ausgang sei. Als ich ihm antwortete, dass ich dazu bereit sei, diesen therapeutischen Besuch wichtiger Lebensstationen mit ihm zu unternehmen, er dafür aber einen regulären Ausgang von seinem Kontingent nehmen müsse, reagierte er verärgert und erwähnte dieses Vorhaben nie wieder.

In einer Psychotherapie geht es hauptsächlich darum, dass der Klient durch offene Fragen des Therapeuten selbst Ideen dazu entwickelt, wie er ein Problem lösen kann. Ich als Therapeutin gebe also keine Ratschläge, sondern animiere den Klienten zum Nachdenken und zur Reflexion über seine Gedanken, Gefühle und Verhaltensweisen. Krypton hatte jedoch seine eigenen Vorstellungen von Therapie. Als es ihm wieder einmal besonders schlecht ging, weil er mit seiner Verwahrung haderte und körperliche Beschwerden hatte, fragte ich ihn, was ihm bisher geholfen habe. Er sollte selbst neue Verhaltensweisen ausprobieren und so herausfinden, was er tun konnte, um sich besser zu fühlen.

Krypton sträubte sich jedoch und betonte: »Nur eine Entlassung aus der Sicherungsverwahrung kann mir die dringend nötige Erleichterung verschaffen.« Ich versuchte, ihn auf Möglichkeiten der Entspannung, wie Meditation, einen Waldspaziergang bei einem Ausgang oder die Teilnahme am Yogakurs hinzuweisen. Krypton lehnte jedoch jeden dieser Vorschläge mit der Begründung ab, dass ihm dies nicht helfen würde, weil er ja weiterhin hinter Gittern sitze. Am Ende der Therapiestunde sagte er zu mir: »Sie können sich ja bis zur nächsten Sitzung überlegen, was Sie tun können, um mir zu helfen.«

Ich war verblüfft. Normalerweise gibt die Therapeutin dem Klienten eine Hausaufgabe auf und nicht umgekehrt. Als ich Krypton mit seinem verdrehten Verhalten konfrontierte, reagierte er wieder dramatisch und nahm die Opferrolle ein: »Habe ich jemals etwas von Ihnen verlangt? Ich führe jede Woche diese Gespräche mit Ihnen, sitze seit Jahrzehnten hinter Gittern. Können Sie mir nicht einmal einen Gefallen tun und mir helfen?«

Staunend sah ich mir dieses Drama an. Krypton hatte sich in der Therapie immer nur als Opfer dargestellt, als einen Mann, der unter Gesundheitsproblemen, sozialer Ungerechtigkeit und mangelnder familiärer Unterstützung leiden würde. Eigenes Fehlverhalten erkannte er nicht oder spielte es herunter. Die Anlasstat – Kaffee, Sofa, Schal – lief wie ein Film vor meinem inneren Auge ab. Ich empfand Kryptons Ansprüche als anmaßend. Er hatte viel Leid erzeugt und schien dabei keinerlei Mitgefühl, Scham oder Schuld zu empfinden. Mit geradem Blick und regungsloser Miene antwortete ich: »Wir sehen uns dann nächste Woche.«

Kryptons Auftreten mir und anderen Menschen gegenüber blieb unverändert dominant. Er versuchte, mich häufig unter Druck zu setzen, und forderte in fast jeder Therapiesitzung, dass ich mich für ihn einsetzen solle, damit er unbegleitete Ausgänge erhalten und somit probeweise allein die Sicherungsverwahrung verlassen könne. Da er keinerlei Behandlungsfortschritte machte und die geforderten Drogentests nicht abgab, sprach ich mich gegen die Erfüllung seines Wunsches aus.

Krypton reagierte ungehalten. Er saß in meinem Büro und beklagte sich mit ausschweifenden Armbewegungen: »Warum geben Sie mir nicht die Chance, mich bei unbegleiteten Ausgängen zu beweisen? Seit Jahren gebe ich mein Innerstes in der Therapie preis und bekomme dafür NICHTS zurück.«

Diese andauenden Vorwürfe und unpassenden Übertreibungen strengten mich an. Ich ließ mich jedoch von Kryptons Theatralik nicht erweichen. Je dramatischer er agierte, desto ruhiger und sachlicher wurde ich und erklärte ihm erneut die Regeln.

Krypton hatte starke Stimmungsschwankungen. Die Achterbahn seiner Gefühle wirkte allerdings auf mich aufgesetzt. Ich vermutete neben einer narzisstische Persönlichkeitsstörung auch histrionische Züge in Kryptons Persönlichkeit, die ich an dieser Stelle genauer beschreiben möchte:

Nach dem amerikanischen Diagnosesystems für psychische Erkrankungen (DSM-5) ist die histrionische Persönlichkeitsstörung charakterisiert durch ein tiefgreifendes Muster übermäßiger Emotionalität und ein ausgeprägtes Streben nach Aufmerksamkeit. Der Ursprung liegt im frühen Erwachsenenalter und das Muster zeigt sich in verschiedenen Situationen. Mindestens fünf der folgenden acht Kriterien müssen erfüllt sein:

Die betroffene Person:

1. Fühlt sich unwohl in Situationen, in denen er/sie nicht im Mittelpunkt der Aufmerksamkeit steht. → Mit seinem Hang zur Dramatik und Theatralik und seiner Vorliebe für öffentliche Auftritte (als Poetry-Slammer) stand Krypton häufig im Mittelpunkt und versuchte, Aufmerksamkeit zu generieren.
2. Die Interaktion mit anderen ist oft durch ein unangemessen sexuell-verführerisches oder provokantes Verhalten charakterisiert. → Mir oder anderen Mitarbeitenden gegenüber hatte sich Krypton nicht sexuell verführerisch verhalten.
3. Zeigt rasch wechselnden und oberflächlichen Gefühlsausdruck. → Trifft auf Krypton zu.
4. Setzt durchweg die körperliche Erscheinung ein, um die Aufmerksamkeit auf sich zu lenken. → Was seine übertriebenen Gesten und Körperhaltungen betrifft, ist dieser Punkt auf Krypton zutreffend.
5. Hat einen übertrieben impressionistischen, wenig detaillierten Sprachstil. → Krypton wählte große, bedeutungsvolle Formulierungen. Seine Sprache wirkte aufgesetzt, aber nicht impressionistisch.
6. Zeigt Selbstdramatisierung, Theatralik und übertriebenen Gefühlsausdruck. → Trifft auf Krypton zu.
7. Ist suggestibel, das heißt, leicht beeinflussbar durch andere Personen oder Umstände. → Trifft nicht zu. Krypton war dominant und versuchte, andere Menschen zu beeinflussen.

8. Fasst Beziehungen enger auf, als sie tatsächlich sind. → Krypton betonte besonders gute Beziehungen zu einzelnen Verwahrten. Diese schienen ihm jedoch tatsächlich nahezustehen.

Insgesamt vier Merkmale (Merkmal 1, 3, 4 und 6) trafen auf Krypton zu. Somit konnte bei Krypton zwar keine histrionische Persönlichkeitsstörung diagnostiziert werden, doch er wies zumindest Züge davon auf, genauer gesagt, eine histrionische Persönlichkeitsakzentuierung. Diese Auffälligkeit kam zu der Diagnose einer narzisstischen Persönlichkeitsstörung hinzu, die bei Krypton sehr offensichtlich war:

Entsprechend dem amerikanischen Diagnosesystem für psychische Erkrankungen (DSM-5) müssen mindestens fünf der folgenden Kriterien erfüllt sein, wenn eine narzisstische Persönlichkeitsstörung vorliegt.

1. Krypton hatte ein grandioses Gefühl der eigenen Wichtigkeit und übertrieb die eigenen Leistungen (zum Beispiel bei der Arbeit) und Talente (besonders begabter Poetry-Slammer).
2. Krypton war stark eingenommen von Fantasien grenzenlosen Erfolgs. So sprach er wiederholt von gelungenen Auftritten vor begeistertem Publikum und strebte weitere Inszenierungen an.

3. Krypton glaubte, er sei »besonders« und einzigartig und werde nur von anderen besonderen oder angesehenen Personen verstanden. Auch mich als seine Therapeutin umschmeichelte er und betonte, dass er mit mir besonders gut zusammenarbeiten könne, weil ich »die richtigen Fragen« stellen würde. Auf meine Nachfrage, was das genau bedeuten solle, wiederholte er nur seine Aussage: »Sie stellen einfach die richtigen Fragen!«
4. Krypton verlangte nach übermäßiger Bewunderung. Deswegen stellte er seine Fähigkeiten und Talente immer wieder in den Vordergrund und lobte sich selbst vor anderen.
5. Krypton legte ein starkes Anspruchsdenken an den Tag und hatte übertriebene Erwartungen an eine besonders bevorzugte Behandlung. Beispielsweise forderte er weitergehende Lockerungen ein, ohne dass er sich dabei an die Regeln hielt.
6. Krypton war in zwischenmenschlichen Beziehungen ausbeuterisch. Er nutzte die Gelegenheit, die Unfallgegnerin in ihrer Wohnung zu vergewaltigen, und versuchte, mich als seine Therapeutin zu benutzen, um zum Beispiel mehr Ausgänge zu bekommen.
7. Krypton zeigte einen Mangel an Empathie: Er war nicht willens, die Gefühle und Bedürfnisse anderer zu erkennen oder sich mit ihnen zu identifizieren. Dies zeigte sich sowohl bei der Vergewaltigung als

auch beim Leugnen der Straftat und im Umgang mit einem Mitverwahrten (diese Geschichte werde ich noch erzählen).

8. Ich konnte nicht beobachten, dass Krypton häufig neidisch auf andere war oder glaubte, andere seien neidisch auf ihn.
9. Krypton zeigte sich weniger arrogant und überheblich als vielmehr dominant und fordernd, sodass dieses Merkmal weniger gut auf ihn zutrifft.

Bei Krypton konnte die Diagnose einer narzisstischen Persönlichkeitsstörung gestellt werden, da sieben Merkmale auf ihn zutrafen. Krypton war also ein Narzisst mit histrionischen Persönlichkeitszügen, der anstrengend und weiterhin gefährlich war.

Das übergeordnete Ziel der Kriminaltherapie ist es, den Täter weniger gefährlich zu machen, damit dieser nicht mehr strafrückfällig wird und ihm niemand mehr zum Opfer fallen kann. Sollte dieses Ziel unerreichbar bleiben, steht eine korrekte Einschätzung der Gefährlichkeit und Rückfallprognose im Vordergrund, sodass der Straftäter weiterhin sicher verwahrt bleiben kann. Wie wir an Krypton erkennen können, ist die Minimierung der Gefährlichkeit durch Therapie keine leichte Aufgabe. Viele Verwahrte wie Krypton haben kein Unrechtsbewusstsein und kein Interesse daran, sich zu verändern.

Das Ausmaß von Kryptons Gefährlichkeit war mir bereits bewusst, seit ich seine Akten gelesen hatte. Doch erst als ich persönlich mit ihm über seine Straftaten sprach, wurde mir klar, wie stark die Egozentrik und der Mangel an Mitgefühl bei ihm ausgeprägt waren. Zu der Anlasstat erklärte er: »Ich habe Schuld auf mich geladen und einem anderen Menschen Unrecht getan.«

Interessiert hakte ich nach: »Welches Unrecht haben Sie wem angetan?«

Mit zusammengezogenen Augenbrauen, die wohl sein Leiden zum Ausdruck bringen sollten, antwortete er: »Ich habe die Frau geschlagen, aber es war Notwehr. Sie ist wie eine Furie auf mich losgegangen und deswegen musste ich mich wehren und habe ihr zweimal ins Gesicht geschlagen. Das war unverhältnismäßig und deswegen habe ich mich schuldig gemacht. Mit diesem Damoklesschwert der Schuld über meinem Kopf muss ich jetzt für immer leben.«

»Sie haben die Frau vergewaltigt und sie hat sich gegen Ihren Angriff gewehrt.«

»Das stimmt nicht. Wir hatten einvernehmlichen Geschlechtsverkehr. Hinterher hat sie das anscheinend bereut und ist auf mich losgegangen.«

»Im Urteil steht, dass Sie die Frau nach der Vergewaltigung mit einem Schal zu erdrosseln versucht haben. Sie wollten sie umbringen.«

»Ich weiß, dass das so im Urteil steht, aber das entspricht nicht der Wahrheit. Bei dem Streit und während des Kampfs mit ihr war alles sehr chaotisch. Ich habe sie aber nicht stranguliert. Wie schon gesagt, ich habe Schuld auf mich geladen. Aber meine Haftstrafe dafür habe ich abgesessen«, erwiderte er.

»Denken Sie manchmal an die Frau und daran, wie sie sich gefühlt hat?«

Krypton blickte mich nun feindlich an und sagte: »Alle fragen immer nur nach dem Opfer und wie es ihm wegen der Tat ergangen ist. Und was ist mit mir? Mich fragt keiner, wie es mir nach der Tat gegangen ist. Das Opfer hat mich auch verletzt. Die Frau hat mir in den Rücken getreten und ich habe noch heute Schmerzen deswegen. Danach fragt niemand.«

Keine Empathie für sein Opfer zu empfinden, ist eine Sache, aber dies so unverhohlen auszusprechen und als Vergewaltiger und Beinahe-Mörder sein eigenes Leiden in den Vordergrund zu stellen, ist an Egozentrik kaum zu übertreffen. Da ich als Kryptons Therapeutin regelmäßig eine Einschätzung zu seiner Gefährlichkeit und eine Prognose abgab, war diese Aussage Kryptons mir gegenüber allerdings nicht nur dreist, sondern auch dumm. Ich ließ mir meinen Schock über diese vielsagende Bemerkung nicht anmerken. Krypton sollte nicht erkennen, welche seiner Aussagen bei Therapeuten und Gutachtern gut ankamen und welche nicht. Er sollte sich authentisch zeigen, was seine Egozentrik und seinen Mangel an Empathie betraf. Nur so konnte er weiterhin sicher verwahrt bleiben.

Ich hatte regelmäßig Anhörungstermine vor Gericht, bei denen ich als Sachverständige Aussagen über die Therapiefortschritte meiner Klienten treffen sollte. Zu meinen Aufgaben zählte es auch, dass ich Verwahrte bei Ausgängen begleitete, um beispielsweise ihre Familien und ihr soziales Umfeld kennenzulernen. In diesem Lockerungsstadium der »Begleitausgänge« genügte die Begleitung durch mich als Mitarbeiterin der Sicherungsverwahrung und es wurde keine Person vom allgemeinen Vollzugsdienst hinzugezogen. Auch Krypton begleitete ich bei einem Ausgang zu einem Anhörungstermin, bei dem ich sowieso über ihn aussagen sollte.

Auch wenn der Weg zum Gericht mit öffentlichen Verkehrsmitteln verhältnismäßig kurz war, entfaltete Krypton innerhalb einer halben Stunde sein gesamtes Spektrum an Dominanz und Theatralik.

Er redete mit großen Gesten auf mich ein, da er wegen des anstehenden Termins angespannt war. Er bestimmte, wann wir welche Straße in welcher Reihenfolge zu überqueren hatten. Ich sagte ihm, dass ich lieber den Übergang bei einer Fußgängerampel nehmen wolle. Doch er war mit diesem kleinen Umweg nicht einverstanden und ging direkt über die stark befahrene Straße, indem er die Arme weit ausbreitete und so den Verkehr anhielt.

Später im Bus hielt er mir seine geöffnete Handfläche vor die Nase. Als ich ihn fragte, was er mir damit sagen wolle, forderte er mich auf, ihm seine Bankkarte zu geben. Um eine Flucht zu vermeiden, sind Bedienstete, die Verwahrte bei Ausgängen begleiten, dazu angehalten, diesen keine größeren Mengen an Bargeld oder die EC-Karte auszuhändigen. An diese Regel hielt ich mich und entgegnete Krypton, dass er die Karte nicht bekommen würde.

Er rollte mit den Augen und sagte: »Sie haben noch nicht oft jemanden begleitet, oder? Das merkt man.«

Während wir die letzten Meter zum Gerichtsgebäude zu Fuß zurücklegten, teilte er mir mit, er hoffe, dass die Richterin ihm wenigstens einen Entlassungstermin nennen könne. Vorsichtig erwiderte ich, dass dies eine unrealistische Erwartung sei. Da riss Krypton auch schon die Arme in die Höhe und schrie mich an: »Können Sie nicht *einmal* positiv sein?! Ich will das nicht hören. Sagen Sie mir etwas POSITIVES!«

Ich konnte mir Krypton in diesem Moment bildlich vorstellen, wie er bei der Vergewaltigung schier aus der Haut fuhr, als sein Opfer ankündigte, die Polizei zu rufen. Instinktiv blickte ich mich nach Menschen in unmittelbarer Umgebung um, die mir potenziell helfen könnten, falls Krypton in seinem Ärger tatsächlich handgreiflich werden sollte. Ich bemerkte, dass uns Leute auf der Straße beobachteten. Ihnen war der laut redende und ausschweifend gestikulierende Krypton bereits aufgefallen. Ich fragte mich, welches Bild wir wohl für Außenstehende abgaben: eine Frau Anfang 30 und ein Mann in den Fünfzigern. Wir sahen uns zu wenig ähnlich, als dass Krypton mein Vater hätte sein können. Ein Fußgänger, der unseren Weg kreuzte, sah mich mit einer Spur Neugier, aber vor allem Feindseligkeit an.

Glücklicherweise war die Richterin während des Anhörungstermins so feinfühlig, dass sie Krypton für seine Anstrengungen bei der Arbeit und Therapie lobte und nicht in irgendeiner Weise provozierte. Krypton konnte daher akzeptieren, dass auch diesmal kein Entlassungstermin genannt wurde. Der Rückweg in die Sicherungsverwahrung gestaltete sich angenehmer. Am Ende des Nachmittags war ich jedoch sehr erleichtert darüber, dass ich Krypton wieder hinter die Mauern der Sicherungsverwahrung abgeben und ohne ihn zurück in die Freiheit treten konnte.

Narzissten haben eine Eigenschaft, die besonders hervorsticht, aber nicht direkt im Diagnosesystem für psychische Erkrankungen benannt wird: Sie sind sehr schnell sehr gekränkt. Bei Krypton beobachtete ich zudem, dass Narzissten aufgrund ihres Mangels an Empathie keinerlei Verständnis dafür haben, wenn sich andere durch sie verletzt oder gekränkt fühlten.

Krypton geriet mit einem Mitverwahrten, zu dem er eine mehrjährige Freundschaft pflegte, in einen Streit, infolgedessen sich dieser sehr enttäuscht von Krypton zeigte. In mehreren Therapiesitzungen betonte er entnervt: »Ich verstehe nicht, warum der Typ sich so aufregt. Kann er nicht einfach Ruhe geben? Es ist doch gar nichts weiter passiert. Er überreagiert einfach. Wie kann man nur so empfindlich sein?!«

Auch nach mehreren Versuchen meinerseits, Krypton zum Perspektivwechsel zu animieren, brachte er keinerlei Verständnis für die Gefühle des Mitverwahrten auf, sondern beklagte sich weiterhin über dessen angebliche Überempfindlichkeit. Die Ironie bestand darin, dass Krypton nur wenige Tage später selbst besonders empfindlich und gekränkt reagieren sollte: Es stand ein Therapeutenwechsel an. Dies kam in der Einrichtung häufig vor und lag vor allem an der hohen Mitarbeiterfluktuation. Neue Mitarbeitende mussten eingearbeitet werden und die ersten Klienten übernehmen. Da ich bereits über ein Jahr für Krypton zuständig war und sich bei ihm im Vergleich zu anderen Klienten wenig bewegte, wollte ich ihn an den neuen Therapeuten übergeben. Ich wusste, dass sich die Verkündung dieser Botschaft unangenehm gestalten könnte. Dabei hatte ich die Wahl zwischen einem schmeichelhaften, aber nicht ganz ehrlichen Feedback und einer authentischen, aber für einen Narzissten schwer verdaulichen Rückmeldung.

Für mich und auch für Krypton wäre die erste Variante deutlich angenehmer gewesen. Allerdings wollte ich zumindest versuchen, Krypton eine differenzierte Rückmeldung zu geben, damit er die Chance bekam, sich zu ändern. Ich sagte zu ihm: »Wir haben einen neuen Psychologen in der Einrichtung und alle anderen Psychologinnen und Psychologen sollen Klienten auswählen, die sie an ihn abgeben werden. Ich habe dabei an Sie gedacht.«

Krypton blickte mich entsetzt an und erwiderte: »Warum ausgerechnet mich?«

Ich wusste, dass ich darauf zunächst etwas Wertschätzendes sagen sollte, was aber dennoch der Wahrheit entsprach: »Ich habe dabei an Sie gedacht, weil der neue Psychologe einen Klienten bekommen soll, der interessant ist. Sie als Künstler und insgesamt kommunikativer Mensch haben dem neuen Kollegen diesbezüglich einiges zu bieten.«

Kryptons Augen strahlten und er versuchte, ein Lächeln zu verbergen. Dann fügte ich jedoch hinzu: »Die Zusammenarbeit zwischen uns, besonders in letzter Zeit, war nicht gerade einfach, was die Themen Drogenkontrollen, Ihr Verständnis für Ihre Mitmenschen und Ihr dominantes Auftreten betrifft. Vielleicht gelingt es Ihnen mit dem neuen Therapeuten besser, diese Themen zu bearbeiten.«

Kryptons Blick verfinsterte sich: »Sie geben mich einfach ab, ohne mich zu fragen, ob ich damit einverstanden bin! Das wird einfach so über meinen Kopf hinweg entschieden.«

Mir war klar, dass Krypton in diesem Punkt recht hatte. Allerdings wollten auch meine anderen Klienten einen Therapeutenwechsel vermeiden und irgendjemanden musste ich abgeben.

Noch Monate und Jahre nach dem Behandlerwechsel machte Krypton mir deshalb Vorwürfe. Kurz nach dem Wechsel forderte er eine Aussprache zu dritt mit seinem neuen Therapeuten. Dieses Gespräch war eines der unangenehmsten, die ich je mit einem (Ex-)Klienten hatte. Es bestand aus einem einzigen verärgerten Monolog Kryptons, von dem ich mich nur noch an Bruchstücke erinnern kann: »Sie haben mich einfach so abgegeben, einfach weggeschmissen, wie Müll. Unsere gemeinsame Arbeit hat Ihnen überhaupt nichts bedeutet. Sie haben mich einfach vor vollendete Tatsachen gestellt. Nie wurde ich nach meiner Meinung zu dem Thema gefragt. Ich fühle mich schlecht. Ich fühle mich von Ihnen wie von einer Dampfwalze überfahren.«

Krypton ließ kaum Pausen, um eine Antwort auf seine Vorwürfe zu ermöglichen. Auch der neue Therapeut drang nicht zu ihm durch und es war offensichtlich, dass der enorm gekränkte Krypton unter dem falschen Vorwand einer Aussprache nur seinen Frust bei mir abladen wollte. Innerlich erschöpft, antwortete ich irgendwann: »Ihre Darstellung ist etwas übertrieben. Ich habe Sie nur an einen Kollegen abgegeben.«

Nachdem ich das Büro meines Kollegen mit dem aufgebrachten Krypton verlassen hatte, musste ich gegen Tränen kämpfen, was mich irritierte und ärgerte. Der neue Therapeut wirkte sympathisch und motiviert. Ich versuchte, mich mit dem Gedanken zu beruhigen, dass er sich jetzt um Krypton und seine Kränkungen kümmern würde und dies nicht mehr meine Aufgabe war.

WAS MACHT NARZISSTEN GEFÄHRLICH?

Die meisten Narzissten begehen keine Straftaten und führen ein angepasstes, mitunter sogar erfolgreiches Leben. Allerdings leiden ihre Mitmenschen an ihrem egozentrischen und kompromisslosen Verhalten. Dass von Narzissten aber häufig eine Gefahr für ihre Mitmenschen ausgeht, konnten zahlreiche wissenschaftliche Studien belegen. Im Rahmen einer im Jahr 2021 durchgeführten Metaanalyse – einem statistischen Verfahren, das die Ergebnisse mehrerer Studien zu einer Fragestellung zusammenfasst – konnte ein Zusammenhang zwischen Narzissmus, Aggression und Gewalt nachgewiesen werden. Dieses Ergebnis ist sehr aussagekräftig und zuverlässig, da in die Analyse 437 unabhängige Studien mit insgesamt 123.043 Teilnehmenden einbezogen wurden. Dabei zeigten sowohl männliche als auch weibliche Narzissten vermehrt Aggressionen verschiedener Art, wie beispielsweise verbale oder körperliche Aggression und Mobbing, besonders dann, wenn sie sich provoziert fühlten. Dies liegt wahrscheinlich an ihrer Neigung, schnell gekränkt zu sein. Um ihren angeschlagenen Selbstwert zu schützen, reagieren Narzissten aggressiv Personen gegenüber, von denen sie sich provoziert oder verletzt fühlen.

Auch in Partnerschaften stellen Narzissten ein Problem dar. In einer Metaanalyse aus dem Jahr 2023 konnte gezeigt werden, dass Menschen mit narzisstischer Persönlichkeitsstörung häufiger Gewalt gegenüber ihren Intimpartnern ausüben als Menschen ohne narzisstische Persönlichkeitsstörung. Besonders stark war der Zusammenhang zwischen Narzissmus und der Anwendung psychischer Gewalt in der Partnerschaft.

Dazu zählen beispielsweise Beleidigungen, Erniedrigungen, Beschimpfungen und der Versuch, den Partner zu kontrollieren.

Narzissten sind häufig auch im sexuellen Bereich auffällig, wie eine Studie aus dem Jahr 2014 zeigt. Sie sind davon überzeugt, herausragende Fähigkeiten auf diesem Gebiet zu besitzen und jederzeit einen Anspruch auf das Ausleben ihrer Sexualität zu haben. Dabei haben sie kaum Empathie mit ihren Partnern und werden häufiger untreu als Menschen, deren sexueller Narzissmus gering ausgeprägt ist.

Wir können daraus ableiten, dass wir eine Beziehung zu einem Menschen mit narzisstischer Persönlichkeitsstörung eher meiden sollten, um nicht unglücklich oder sogar körperlich verletzt oder psychisch krank zu werden. Leider ist es nicht immer so leicht, einen Menschen mit narzisstischer Persönlichkeit frühzeitig zu erkennen. Deswegen möchte ich Charakteristika beschreiben, die typisch für Narzissten sind und anhand derer wir narzisstische Züge bei unseren Mitmenschen identifizieren können.

CHECKLISTE NARZISSMUS: WORAN ERKENNEN WIR NARZISSTEN IM ALLTAG?

Neon und Krypton stellen Extrembeispiele von Narzissten dar, die nicht nur anstrengend und verwirrend, sondern auch gefährlich sind. Auf Grundlage meiner Erfahrungen mit narzisstischen Vergewaltigern in der Sicherungsverwahrung sollten wir auf folgende Merkmale achten, um Narzissten zu erkennen:

1. **Eigenlob:** Der Narzisst betont seine Großartigkeit in fast allem, was er erzählt. Er schmückt aus, welche besonderen beruflichen Erfolge er errungen hat, wie viel Geld er verdient, was für ein besonders guter Liebhaber und herausragend kreativer, stilvoller, athletischer, spiritueller und begabter Mensch er sei. Auch Beziehungen zu anderen wichtigen Persönlichkeiten erwähnt ein Narzisst häufig, um sich dadurch aufzuwerten.
2. **Schmeicheleien, aber kein tiefgehendes Interesse:** Wenn sich ein Narzisst für eine Frau interessiert, hebt er sie auf ein Podest, macht ihr Komplimente und umschmeichelt sie. Sein Interesse an ihr ist jedoch oberflächlich. Er betrachtet sie als ein schönes Objekt, das er besitzen will. Nachdem er die wichtigsten Fragen gestellt hat und zu dem Schluss gekommen ist, dass die Frau seiner würdig ist, leitet er die Gespräche häufig auf Themen, die ihn interessieren. Anstatt ihr zuzuhören, erzählt er lieber von sich. Dies gilt auch für narzisstische Frauen und Menschen mit nichtheterosexueller Orientierung.
3. **Mangel an Empathie:** Ein Narzisst hat kein Interesse daran, sich in andere Menschen hineinzuversetzen und Mitgefühl für sie zu empfinden. Bei Streitigkeiten beharrt er auf seiner Position und geht kaum Kompromisse ein. Er spendet keinen Trost, sondern erzeugt bei anderen Menschen Schuldgefühle sowie

Zweifel am eigenen Urteilsvermögen. Er belächelt die Empfindungen anderer und bezeichnet sie als übertrieben.

4. **Leichte Kränkbarkeit:** Bei einem gefühlten Mangel an Anerkennung, Bewunderung und besonders bei offen geäußerter Kritik fühlt sich der Narzisst überaus gekränkt. Die Reaktionen auf die Kränkung sind vielfältig: wochenlanges Anschweigen, Vorwürfe, Beschimpfungen, Beleidigungen, Kontaktabbruch, Gewaltausbrüche oder Racheakte und Intrigen, auch noch Jahre nach der Kränkung, sind möglich.
5. **Dominanz und Einschüchterung:** Die meisten Narzissten treten dominant und fordernd auf. Sie wollen, dass die Dinge nach ihren Vorstellungen laufen und schrecken dabei nicht vor Intrigen, Lügen und Manipulation zurück. Schon bei den ersten Begegnungen können wir merken, dass wir es mit einem Narzissten zu tun haben, wenn wir uns kaum trauen, unsere eigene Meinung zu einem Thema zu sagen, weil wir die Reaktion unseres Gegenübers fürchten.
6. **Gestik und Mimik:** Man kann einen Narzissten oft sogar an der Körperhaltung erkennen. Er nimmt viel Raum ein, indem er große Gesten verwendet, sich breitbeinig hinsetzt, sich besonders gerade aufrichtet und das Kinn leicht anhebt. Die Mimik kann ebenfalls auffällig sein, zum Beispiel in Form eines anhaltenden

Lächelns in unpassenden Situationen wie bei Streitigkeiten, um dadurch Überlegenheit zu signalisieren. Manche dominanten Narzissten lächeln hingegen besonders selten, um eine angespannte Atmosphäre zu erzeugen und ihr Gegenüber zu verunsichern.

Noch gefährlicher als Narzissten sind Menschen mit einer anderen auffälligen Persönlichkeit, die eine Schnittmenge mit narzisstischen Eigenschaften hat: Psychopathen. Diese gibt es zum Glück nicht so häufig wie Menschen mit narzisstischer Persönlichkeitsstörung, aber der Schaden, den sie weltweit anrichten, ist gravierend.

Wir werden im folgenden Kapitel zwei Psychopathen aus der Sicherungsverwahrung kennenlernen und näher untersuchen, was genau einen Psychopathen so gefährlich macht.

PSYCHOPATHEN

Es gibt Menschen, die so faszinierend sind, dass man an ihren Lippen hängt, ihre Geschichten aufsaugt und alles andere um sich herum vergisst. Mit ihrem schillernden Charme heben sie sich von der matten Masse ab. Man fühlt sich von ihnen angeregt, unterhalten und angezogen. Doch manche dieser Menschen sind gefährlich. Ihre aufregenden Geschichten entpuppen sich als Lügen, ihr charmantes Lächeln als Maske und ihre charismatische Überzeugungskraft als kalter Manipulationsversuch.

Wie können wir solche Meister der Täuschung erkennen? Der kanadische Kriminalpsychologe Robert D. Hare hat eine Checkliste entwickelt, um Psychopathen zu identifizieren. Wir werden uns die einzelnen Merkmale von Psychopathie genau ansehen und dabei das Verhalten gefährlicher Insassen in der Sicherungsverwahrung einordnen. Erst wenn wir das Prinzip der Psychopathie verstehen, können wir Menschen mit psychopathischen Eigenschaften in unserer Umwelt erkennen und unsere Schlüsse ziehen.

Wir lernen am besten, was Psychopathie bedeutet, wenn wir Menschen begegnen, die extreme Ausprägungen psychopathischer Merkmale aufweisen und ihren Bedürfnissen ungezügelt nachgehen. In keinem anderen Kontext ist die Dichte an Psychopathen so hoch wie in einer Sicherungsverwahrung oder einer Justizvollzugsanstalt. Außerdem gibt es über die Insassen in Gefängnissen ausreichend Informationen aus ihren Akten und Verhaltensbeobachtungen im Haftalltag, um psychopathische Eigenschaften erkennen zu können.

Psychopathen gelten nicht als psychisch krank. Sie sind voll zurechnungsfähig und leiden beispielsweise nicht an Wahnvorstellungen oder Halluzinationen. Psychopathie kann als schwere Persönlichkeitsstörung verstanden werden, die jedoch nicht als solche in einer medizinischen Klassifikationsliste für psychische Erkrankungen wie ICD oder DSM aufgenommen wurde. Eine psychische Störung, die der Psychopathie sehr ähnlich und im ICD-11 und DSM-5 vertreten ist, ist die dissoziale Persönlichkeitsstörung. Mindestens drei der folgenden Eigenschaften müssen für die Diagnose einer dissozialen Persönlichkeitsstörung nach ICD-10 vorhanden sein:

1. Unbeteiligt sein gegenüber den Gefühlen anderer
2. Deutliche und andauernde verantwortungslose Haltung und Missachtung sozialer Normen, Regeln und Verpflichtungen

3. Unfähigkeit, dauerhafte Beziehungen aufrechtzuerhalten, obwohl keine Schwierigkeit besteht, diese einzugehen
4. Sehr geringe Frustrationstoleranz und niedrige Schwelle für aggressives, einschließlich gewalttätiges Verhalten
5. Fehlendes Schuldbewusstsein oder Unfähigkeit, aus negativen Erfahrungen, insbesondere Bestrafung, zu lernen
6. Deutliche Neigung, andere zu beschuldigen oder plausible Rationalisierungen für das eigene Verhalten anzubieten, durch das die Betreffenden in einen Konflikt mit der Gesellschaft geraten sind

Jeder Psychopath hat eine dissoziale Persönlichkeitsstörung. Allerdings ist nur jede vierte Person, die eine dissoziale Persönlichkeitsstörung hat, ein Psychopath. Der größte Unterschied zwischen Psychopathie und der dissozialen Persönlichkeitsstörung ist das Vorhandensein von Emotionen bei Menschen mit dissozialer Persönlichkeitsstörung. Psychopathen sind hingegen fast emotions- und bindungslos.

In Gefängnissen ist der Anteil von Psychopathen und Menschen mit dissozialer Persönlichkeitsstörung höher als in der Normalbevölkerung. Circa 80 bis 85 Prozent der Inhaftierten haben eine dissoziale Persönlichkeitsstörung und ungefähr 15 Prozent von ihnen sind Psychopathen. Dabei sind Psychopathen für mehr als 50 Prozent aller schwerwiegenden Straftaten verantwortlich. Beispielsweise sind ungefähr die Hälfte aller Serienvergewaltiger Psychopathen. Sie lassen ihre sexuellen Fantasien und Neigungen ungehemmt an ihren Opfern aus, haben ein starkes Bedürfnis nach Macht und Kontrolle und nehmen andere Menschen als Objekte für ihr Vergnügen und ihre Befriedigung wahr. Auch die meisten Serienmörder (86 Prozent) sind Psychopathen. Allerdings ist die Häufigkeit von Serienmördern sehr gering. Schätzungsweise gibt es in Deutschland 500.000 Psychopathen, aber nur etwa 40 Serienmörder.

Nicht alle Psychopathen werden straffällig. Es gibt sogenannte »*White-Collar*-Psychopathen«, die man beispielsweise in Führungspositionen von Unternehmen finden kann. Sie sind genauso egozentrisch, gefühllos und manipulativ wie ein durchschnittlicher Psychopath. Allerdings sorgen ihre Intelligenz, ihr familiärer Hintergrund, ihre sozialen Fertigkeiten oder andere Umstände dafür, dass sie die Fassade der Normalität besser aufrechterhalten können.

PSYCHOPATHEN GIBT'S (NICHT) NUR IN HORRORFILMEN

Es gibt zwei Möglichkeiten, neue Erfahrungen zu machen und diese zu verarbeiten: Wir werden entweder von den Geschehnissen überrascht und müssen diese unvorbereitet durchstehen, oder wir informieren uns über bestimmte Erfahrungen, bevor wir sie durchleben. Zum Beispiel können wir auf einer Party spontan zum ersten Mal in unserem Leben Drogen nehmen und uns unvoreingenommen auf die Wirkung einlassen. Wir können uns aber auch gezielt über die Stimulationseffekte und Dosierung einer Droge informieren, diese beschaffen und sie dann geplant in einem bestimmten Setting einnehmen. Welche Herangehensweise wir bevorzugen, hängt von unserer Persönlichkeit ab. Spontane Menschen, die gern Risiken eingehen, werden die erste Variante wählen, wohingegen ängstlichere und planende Typen sich lieber auf die neue Erfahrung vorbereiten möchten. Wobei natürlich auch die »Planer« unter uns manchmal spontan in eine unvorhergesehene Situation geraten können. Auch die Begegnung mit einem Psychopathen ist eine Erfahrung, der wir uns auf diesen zwei Wegen annähern können.

Die erste Erfahrung mit einem Psychopathen habe ich glücklicherweise nicht persönlich gemacht, sondern – Hollywood sei Dank – durch krasse Charaktere in Kinofilmen. Die Klassiker *Gone Girl*, *Falling Down*, *Nightcrawler*, *Funny Games* und *Das Schweigen der Lämmer* zählen noch immer zu meinen Lieblingsfilmen. Ich war vor der ersten Vorlesung in forensischer Psychologie allerdings der Meinung, dass es sich bei den Protagonisten einfach nur um individuell extreme Persönlichkeiten handelt. Der Begriff »Psychopath« war für mich bedeutungsgleich mit dem Wort »Serienkiller«. Ich wusste über viele Jahre nicht, dass Psychopathie ein Zusammenspiel von Persönlichkeitseigenschaften ist, das auch Menschen aufweisen können, die keine Straftaten begehen.

Die Vorlesungen in forensischer Psychologie waren augenöffnend für mich. Ich lernte die einzelnen Kriterien kennen, die einen Psychopathen ausmachen, und konnte diese auf Filmcharaktere und Menschen anwenden, deren Gerichtsakten ich las. Ich war von dem Konzept der Psychopathie derart fasziniert, dass ich ein offizielles Zertifikat von Robert D. Hare zur Anwendung der Psychopathie-Checklist erwarb. Nachdem ich während eines Forschungsprojekts gefühlt hunderte Gerichtsakten von Gewaltstraftätern gelesen hatte, fühlte ich mich sicher darin, psychopathische Eigenschaften zu erkennen. Allerdings war ich noch nie einem Psychopathen begegnet und hatte keine Ahnung, wie ein solcher auf mich wirken würde. Aber ich war sehr neugierig darauf und wusste, dass ich während meiner Tätigkeit in der Sicherungsverwahrung einige Psychopathen treffen würde.

Neben meiner Neugier hatte ich auch Angst. Das liegt zum einen an meiner Persönlichkeit, die man als introvertiert und leicht neurotisch beschreiben könnte. Ich bin der Typ Mensch, der sich gern auf unbekannte Situationen vorbereitet, bevor er sie erlebt, und war daher dankbar dafür, das Prinzip der Psychopathie bereits vor dem ersten Treffen mit einem waschechten Psychopathen zu kennen. Hinzu kommt, dass es tatsächlich gefährlich sein kann, als Frau in ein Haus mit mehreren Sexualstraftätern zu gehen, die gesellschaftlich verstoßen wurden und nichts mehr zu verlieren haben.

MEINE ERSTE BEGEGNUNG MIT EINEM PSYCHOPATHEN

Ich war äußerst wachsam, als ich die Stelle in der Sicherungsverwahrung antrat. An meinem ersten Tag in der Einrichtung versuchte ich, Kontakte zu meinen neuen Kollegen zu knüpfen, und passte vor dem Gebäude der Sicherungsverwahrung eine Mitarbeiterin in ziviler Kleidung ab, um mit ihr gemeinsam zum Mittagessen zu gehen. Gerade wollte ich mich vorstellen, als sie mir zu verstehen gab, ich solle leiser sprechen, obwohl ich ohnehin sehr diskret mit ihr geredet hatte. Als wir außer Hörweite des SV-Hauses waren, erklärte sie, dass man extrem vorsichtig sein müsse, was man im oder vor dem Gebäude sagte. Man solle sich keinesfalls mit Vornamen anreden oder über private Dinge sprechen, weil das gefährlich werden könne. Ich nenne meine vorsichtige Kollegin hier »Jane«. Sie arbeitete seit drei Jahren als Psychologin in der Sicherungsverwahrung.

In der Kantine aßen wir Nudeln mit Tomatensoße. Jane sprach leise und unterbrach das Gespräch kurz, wenn sich ein Kellner dem Tisch nährte. Die Kellner der Kantine waren Gefangene aus dem Jugendstrafvollzug, die während ihrer Haftzeit ihre Ausbildung zum Koch absolvierten. »Man kann hier gar nicht vorsichtig genug sein«, sagte Jane und sah sich wachsam um, wobei sie nicht den Kopf, sondern nur die Augen bewegte. »In den letzten Monaten sind hier viele unheimliche Dinge passiert. Einige Kolleginnen haben sogar gekündigt deswegen.« Wie ein Wolf witterte Jane, ob Gefahr von der Umgebung ausging, bevor sie vorsichtig fortfuhr: »Bei einer Kollegin wurde zu Hause eingebrochen. Es wurde nichts gestohlen, aber auf dem Küchentisch lagen ihre Wertgegenstände, fein säuberlich aneinandergereiht. Einer anderen Psychologin hat jemand vor der Anstalt die Reifen ihres Autos zerstochen. Und einer Kollegin, die begonnen hatte, einen Therapiebegleithund zur Arbeit mitzunehmen, wurde dieses Tier aus ihrer Wohnung entführt. Der Hund wurde irgendwo ausgesetzt und von Menschen, die ihn fanden, ins Tierheim gebracht.«

Ich war alarmiert und ahnte bereits, dass hinter so einer Aktion wahrscheinlich ein Psychopath stecken könnte: »Wisst ihr, wer für diese Vorfälle verantwortlich war?«

Jane warf sich das hellblonde Haar über die Schulter, als sie sich noch weiter über den Tisch beugte, um noch leiser sprechen zu können: »Wir vermuten, dass ›Wolfram‹, ein Untergebrachter bei uns, hinter diesen Aktionen steckt. Wir konnten es jedoch nie beweisen.«

Angespannt hakte ich nach: »Aber woher wusste Wolfram, wo die Kolleginnen wohnen, bei denen eingebrochen wurde? Es gab doch bestimmt eine amtliche Sperrung der Adresse, oder?«

»Ja, klar, die gab es«, sagte Jane nickend. »Aber Wolfram hat ein Handy in seinem Zimmer versteckt und damit konnte er in den sozialen Medien Angehörige der Kolleginnen ausfindig machen. Die Adressen hat er auch irgendwie herausgefunden, wahrscheinlich über Fotos und Adressangaben von Firmensitzen der Angehörigen. Er hatte Helfer draußen, die für ihn dann den Einbruch, das Zerstechen der Autoreifen und die Entführung des Hundes organisiert haben. Die konnte man allerdings bisher nicht ausfindig machen.«

»Aber warum tut Wolfram so etwas? Hatte er Streit mit den Mitarbeiterinnen?«, fragte ich und dachte gleichzeitig daran, dass Psychopathen Macht und Kontrolle genießen. Für sie ist so etwas ein reizvolles Spiel.

Jane setzte sich wieder etwas aufrechter hin und sagte: »Eigentlich gab es keinen Streit und man muss sogar hervorheben, dass der Verwahrte besonders zuvorkommend zu den Kolleginnen war – fast schon ein bisschen zu unterwürfig. Er wollte ihnen sogar in die Jacke helfen, wenn sie nach draußen gegangen sind.« Sie überlegte weiter: »Ich glaube, dass es ihm um Macht geht und er sich heimlich immer überlegen fühlen muss, besonders gegenüber Frauen. Wahrscheinlich genießt er es, wenn er vordergründig den höflichen, zuvorkommenden Gentleman spielt und die Frauen dabei hinterrücks in Angst versetzt. Damit behält er die Kontrolle über sie.«

Ich nickte stumm. Mir war der Appetit vergangen. Vielleicht war es doch keine so gute Idee, unbedingt mit Psychopathen arbeiten zu wollen, wenn sie einem das Leben auch außerhalb der Einrichtung derart zerstören konnten.

Ich beschloss, mehr Informationen über den verdächtigen Wolfram zu sammeln und sah mir dessen Akte an. Er hatte mehrere Frauen vergewaltigt. Ihr Vertrauen hatte er gewonnen, indem er sich als Polizist verkleidete und sie anwies, ihm aus Sicherheitsgründen in einen abgelegenen Teil eines Gebäudes zu folgen. Und dort hatte er sie dann missbraucht. Teilweise betäubte er seine Opfer und machte Fotos von ihnen und ihrem Genitalbereich, den er mit diversen Flüssigkeiten besudelte. Dass er immer neue Identitäten annahm, um die Opfer zu täuschen und für sich einzunehmen, wies darauf hin, dass er betrügerisch-manipulativ und wahrscheinlich ein Psychopath war.

Janes Erklärung für seine heimlichen Übergriffe auf die Mitarbeiterinnen erschien mir passend: Er genoss die Wehrlosigkeit seiner Opfer und strebte die absolute Kontrolle über sie an. Ich fragte mich, ob er mir unheimlich vorkommen würde, wenn ich ihm begegnete.

An einem Morgen klopfte es an meine Bürotür und ein großer Mann mit hellgrauen Augen kam herein. Er stellte sich mir als Wolfram vor. Sofort begab ich mich innerlich in eine Position der kritischen Wachsamkeit und fühlte mit der rechten Hand unauffällig nach dem Funkgerät mit dem Alarmknopf an meiner Hosentasche.

Wolfram erzählte mir freundlich, dass er alle neuen Mitarbeitenden persönlich begrüßen würde. Er sah sich in meinem Büro um und meinte, dass es noch sehr kahl sei und ich ein paar Bilder und Pflanzen benötige. Dann verabschiedete er sich mit intensivem Blickkontakt. Er wirkte völlig normal, fast sympathisch.

Bei späteren Krisengesprächen mit Wolfram, die ich in Vertretung seines behandelnden Psychologen mit ihm führte, fiel mir auf, dass er fast nie blinzelte und mich ununterbrochen mit einem Echsenblick fixierte. Ich war aber sicher, dass das nicht sein konnte, der Mann war ja schließlich kein Roboter. Irgendwann bildete ich mir dann ein, dass er es schaffte, immer dann zu blinzeln, wenn ich es tat. Im Gespräch mit Wolfram war dies aber nahezu die einzige Auffälligkeit. Mir wurde eindrücklich bewusst, dass das Auftreten eines Menschen und dessen Wirkung im persönlichen Kontakt nicht unbedingt etwas mit seinen versteckten Motiven und seiner Gefährlichkeit zu tun hat. Gerade wenn wir nur kurze Zeit mit einer Person Kontakt haben, fallen uns lediglich oberflächliche Dinge auf, wie beispielsweise, ob unser Gegenüber allgemeine Höflichkeitsregeln befolgt. Dahinter verborgene, psychopathische Eigenschaften wie Lügenbereitschaft, Empathielosigkeit und Manipulationsgeschick werden erst sichtbar, wenn wir längeren und intensiveren Kontakt mit einer Person haben. Erst dann haben wir die Möglichkeit, Unstimmigkeiten aufzudecken.

Wolframs auffallend seltenes Blinzeln beschäftigte mich nachhaltig und ich begann, ein paar Erfahrungsberichte und wissenschaftliche Studien zu dem Thema »Blick von Psychopathen« ausfindig zu machen. Ich fand heraus, dass Menschen, die Erfahrungen mit Psychopathen gemacht haben, häufig von deren eindringlichem Starren berichteten, das bei dem Gegenüber Unbehagen auslöste. Die Augen von Psychopathen erscheinen ausdruckslos und lassen jegliche Verbindung zu Gefühlen vermissen. Manche beschreiben diesen Blick als »echsenartig«, andere vergleichen ihn mit dem einer Ziege. Ein gutes Beispiel für einen solchen Blick ist der des Serienmörders Gary Gene Tison, der mehrfach aus Gefängnissen ausgebrochen ist und bei den Fluchten insgesamt sieben Menschen getötet hat. Auf einem Schwarz-Weiß-Porträt des Mörders wird man von dessen emotionslosem Starren förmlich durchbohrt.

Tatsächlich blinzeln Psychopathen seltener als Nicht-Psychopathen. Die Häufigkeit des Lidschlags hängt mit Ängstlichkeit zusammen, sprich, ängstlichere Menschen blinzeln häufiger. Psychopathen sind generell emotionslos und empfinden keine Angst. Sie fixieren ihr Gegenüber wie ein Raubtier seine Beute.

Neben dem Starren gibt es noch weitere Auffälligkeiten, die Psychopathen im Dialog mit anderen zeigen. Laut einer Studie von Rimé (1978) beugen sie sich in einem Interview eher nach vorn, um den Abstand zum Gegenüber zu reduzieren, benutzen häufiger ihre Hände, um mit Gesten das Gesagte zu unterstützen, halten länger Blickkontakt und lächeln weniger als Personen, die keine psychopathischen Eigenschaften haben. Der Gesprächspartner hat auch im Vergleich zu einem Dialog mit einer Person, die nicht psychopathisch ist, einen geringeren Redeanteil.

WAS IST PSYCHOPATHIE?

Psychopathen sind Menschen ohne Gewissen. Sie sind egozentrisch, haben kein Mitgefühl und betrachten andere Menschen als Objekte, die sie für ihre Zwecke gebrauchen und manipulieren können. Das Spektrum ihrer Gefühle ist eingeschränkt. Ähnlich wie ein farbenblinder Mensch, der die Begriffe für bunte Farben kennt, aber nur Grautöne sieht, nimmt ein Psychopath Gefühle nur als leere Hüllen wahr. Er kennt die Begriffe für bestimmte Gefühlsausdrücke, versteht aber nicht deren emotionale Bedeutung. Ein Psychopath lernt, wie ein Schauspieler verschiedene Gefühlsausdrücke mimisch und gestisch darzustellen, ohne sie zu empfinden.

Ein Pionier der Psychopathieforschung war der amerikanische Psychiater Hervey M. Cleckley, der in seinem Buch *The Mask of Sanity* (1941) die typischen Eigenschaften eines Psychopathen beschrieb: »Der Psychopath ist eine intelligente Person, die durch Emotionsarmut, die Abwesenheit von Schamgefühlen, Egozentrik, oberflächlichen Charme, Mangel an Schuldgefühlen und Ängstlichkeit, Toleranz gegenüber Bestrafung, Unvorhersehbarkeit, Unverantwortlichkeit, Manipulationsfähigkeit und einem wechselhaften persönlichen Lebensstil gekennzeichnet ist.« Der Titel seines Werks, den man mit »Die Maske der Vernunft« oder mit »Die Maske der psychischen Gesundheit« übersetzen könnte, ist geschickt gewählt. Er zielt darauf ab, dass Psychopathen auf den ersten Blick meist ganz normal erscheinen. Sie haben keinerlei Wahnvorstellungen, Halluzinationen oder Gedächtnisstörungen, sondern erfassen die Realität sehr gut. Ihre Unberechenbarkeit, Gefühlskälte und Gewissensarmut verstecken sie hinter einer Maske der Normalität. Dieser Aspekt macht sie noch gefährlicher für uns, weil es uns schwerfällt, Psychopathen zu erkennen und uns somit vor ihnen zu schützen.

Der kanadische Kriminalpsychologe Robert D. Hare hatte als Psychologe im Gefängnis mit einigen Inhaftierten besonders schlechte Erfahrungen gemacht. Beispielsweise hatte einer der Insassen, der in der anstaltsinternen Kfz-Werkstatt arbeitete, Roberts Auto repariert und dabei die Bremsen manipuliert. Dies bemerkte Robert erst, als er auf der Fahrt in den Urlaub mit seiner Familie beinahe einen schweren Unfall hatte. Andere Inhaftierte versuchten, ihn zu belügen und zu manipulieren. Robert war derart irritiert und verärgert über das Verhalten mancher Inhaftierter, dass er sich intensiver mit dem Phänomen der Psychopathie auseinandersetzte und eine Checkliste mit 20 Kriterien entwarf, anhand derer man Psychopathen erkennen kann. Die von ihm entwickelte Psychopathie-Checkliste heißt PCL-R und ist bis heute das gängige Instrument, das Psychologen nutzen, um psychopathische Eigenschaften bei Klienten zu identifizieren.

In der folgenden Übersicht sind die 20 von Robert Hare identifizierten Kriterien zusammengestellt. Da Psychopathen dazu neigen, sich zu verstellen, zu lügen und zu betrügen, kann man den Fragebogen nicht einfach den Klienten als »Selbstbeurteilung« zum Ausfüllen geben. Das Ergebnis wäre damit verfälscht. Deswegen ist das Instrument ein »Fremdbeurteilungs-Verfahren« und sollte nur von geschulten Personen angewandt werden, die die Gerichtsakten der Klienten kennen und ein Interview mit ihnen geführt haben. Für jedes zu bewertende Merkmal können maximal zwei Punkte vergeben werden, wenn es vollständig erfüllt ist, und ein Punkt, wenn es nur teilweise zutrifft. Insgesamt kann eine Person einen maximalen Punktwert von 40 in der Psychopathie-Checkliste erreichen. Die meisten Menschen haben wahrscheinlich einen Wert im niedrigen einstelligen Bereich. Erst ab einem Summenwert von 25 kann man in Deutschland davon ausgehen, dass die beurteilte Person ein Psychopath ist (in Nordamerika liegt der Schwellenwert bei 30 Punkten). In der Sicherungsverwahrung lag der durchschnittliche Psychopathiewert aller Untergebrachten bei 24 und war damit hoch. Daher war mir klar, dass ich früher oder später einen psychopathischen Untergebrachten als Klienten in der Therapie übernehmen würde.

PSYCHOPATHIE-CHECKLISTE (PCL-R) VON ROBERT D. HARE

FAKTOR 1 – ZWISCHENMENSCHLICHE AUFFÄLLIGKEITEN

1. Sprachliche Gewandtheit und oberflächlicher Charme
2. Übersteigertes Selbstwertgefühl
3. Pathologische Lügen
4. Betrügerisches und manipulatives Verhalten

FAKTOR 2 – EMOTIONALE AUFFÄLLIGKEITEN

1. Mangel an Reue oder Schuldgefühl
2. Geringe Empfindungsfähigkeit
3. Herzlosigkeit und Mangel an Empathie
4. Fehlende Verantwortungsübernahme für eigenes Handeln

FAKTOR 3 – AUFFÄLLIGER LEBENSSTIL

1. Bedürfnis nach ständiger Stimulation und Abwechslung
2. Parasitärer Lebenswandel
3. Mangel an realistischen langfristigen Zielen
4. Sprunghaftigkeit
5. Verantwortungslosigkeit

FAKTOR 4 – DISSOZIALITÄT

1. Schwache Verhaltenskontrolle beziehungsweise Impulskontrolle
2. Frühere Verhaltensauffälligkeiten (seit der Kindheit)
3. Jugenddelinquenz
4. Bewährungsversagen
5. Kriminelle Vielseitigkeit

WEITERE VERHALTENSWEISEN, DIE KEINEM FAKTOR ZUZUORDNEN SIND

1. Promiskes Sexualverhalten
2. Viele kurze eheähnliche Beziehungen

TITAN

Meine ersten Klienten in der Sicherungsverwahrung waren zum Großteil Gewaltstraftäter mit einer dissozialen Persönlichkeitsstörung, aber keine Psychopathen. Erst nach einem halben Jahr bekam die Sicherungsverwahrung einen Neuzugang, den ich übernehmen sollte. Ich nenne ihn hier »Titan«. Fünf schwere Aktenbände über ihn wurden mir bereits vor seiner Ankunft geschickt. Neugierig las ich mich in Gutachten und Urteile ein.

Der sprunghafte Lebenswandel Titans

Bereits im Grundschulalter zeigte Titan Verhaltensauffälligkeiten. Er schwänzte regelmäßig den Unterricht. Mehrmals wurde er von der Polizei aufgegriffen und nach Hause gebracht.

Nach dem Schulabschluss arbeitete er als Staplerfahrer für ein regionales Bauunternehmen. Er blieb dort nur wenige Monate und wechselte dann als Lagerarbeiter in einen Großbaumarkt. Er heiratete früh, doch als er wegen verschiedener Delikte zu einer dreijährigen Haftstrafe verurteilt wurde, ließ sich seine Frau von ihm scheiden. Nach der Haft arbeitete er für kurze Zeit auf einer Baustelle. Dann wurde ihm jedoch gekündigt, weil er unpünktlich und unzuverlässig war. Titan zog nun ohne festen Arbeitsplatz und Wohnsitz durch die gesamte Bundesrepublik. Es fiel ihm nicht schwer, Frauen kennenzulernen, mit ihnen Sex zu haben und für ein paar Wochen und Monate bei ihnen zu wohnen. Er lebte in den Tag hinein, beging immer wieder unterschiedliche Straftaten und schließlich vier Vergewaltigungen.

Bei der ersten Vergewaltigung war Titan 27 Jahre alt. Er fuhr mit seinem Auto in einer ländlichen Gegend umher. Dort traf er auf eine Gruppe Jugendlicher und bot ihnen an, sie mit dem Auto mitzunehmen. Die Jugendlichen willigten ein und gemeinsam fuhren sie zu einem nahe gelegenen Baggersee. Emma, eine 16-Jährige aus der Gruppe, gefiel Titan. Sie ließ sich von ihm nach Hause fahren. Am nächsten Tag wollte Titan das Mädchen wiedersehen. Er suchte es in den Straßen des Dorfs und fand es vor einem Geschäft. Um Emma dazu zu bringen, mit ihm mitzufahren, erzählte er ihr, dass ihm in der Nähe des Baggersees eine kleine Hütte gehöre und Emmas Freunde, die Titan am Vortag kennengelernt hatte, bereits dort warten würden, da er am Abend eine Party geben wolle. Das war allerdings eine frei erfundene Geschichte. Emma stieg zu Titan ins Auto und er fuhr mit ihr zu einer abgelegenen und verlassenen Hütte, die er auf einem seiner Streifzüge entdeckt hatte und nun deren Tür mit einem Vorhängeschloss verriegelte. Dort war jedoch keiner der Jugendlichen zu sehen oder zu hören. Titan erklärte Emma, dass diese gerade noch für die Party einkaufen würden, in Kürze aber zurückkommen müssten.

Nachdem die Jugendlichen nach einer halben Stunde noch immer nicht zurück waren, war Emma irritiert und bat Titan, dass er sie wieder ins Dorf fahren solle. Als er nicht reagierte, bestand sie auf ihrer Bitte und wurde lauter, woraufhin Titan sie bedrohte. Er gab fälschlicherweise an, dass vor der Tür der Hütte Zuhälter auf sie warten würden, die Emma mit in eine fremde Großstadt nehmen und sie zu Prostitution zwingen wollten. Um die Bedrohung zu intensivieren, erzählte er Emma von der Gewaltbereitschaft dieser Männer. Sie hätten einer Frau mehrfach brutal ins Gesicht geschlagen, als diese so laut geschrien hätte wie Emma gerade. Die einzige Möglichkeit, diesem Schicksal zu entgehen, bestehe darin, dass sie mit ihm schlafe, damit die Zuhälter davon ausgehen würden, dass sie seine Freundin sei. Um den Druck weiter zu erhöhen, sagte Titan, dass er gerade jemanden durchs Fenster der Hütte gesehen hätte. Titan zog die verängstigte Emma aus und zwang sie zum Geschlechtsverkehr. Nach der Vergewaltigung ließ er das Mädchen in der Hütte zurück und Emma befreite sich schließlich, indem sie aus dem Fenster kletterte.

Emma zeigte Titan an. Doch ehe er gefasst werden konnte, beging dieser die zweite Vergewaltigung: Titan war mit seinem Kumpel Hartmut unterwegs. Auf der Autobahn hatte eine junge Frau, Halyna aus Tschechien, eine Autopanne. Titan hielt auf dem Standstreifen und bot ihr seine Hilfe an. Die Verständigung zwischen Titan und Halyna war schwierig, weil diese nur wenig Deutsch und er nur ein bisschen Tschechisch sprach. Als die Männer Halynas Auto nicht zum Starten bringen konnten, bot Titan der jungen Frau an, sie in die nächste Stadt zu fahren, um dort ihren Bruder zu finden, der mit ihr im Auto gewesen war und sich bereits zu Fuß auf den Weg gemacht hatte, um Hilfe zu holen. Halyna willigte ein. Sie fuhren die Straßen der nahe gelegenen Kleinstadt ab, konnten Halynas Bruder jedoch nicht finden.

Während der Fahrt beobachtete Titan die junge Frau im Rückspiegel und fasste den Entschluss, sie zu vergewaltigen. Was Hartmut anging, betrachtete Titan sich als ihm überlegen und befürchtete nicht, dass sein Kumpel ihn von seinem Vorhaben abbringen könne. Titan erklärte der jungen Frau, dass er jetzt in eine andere Stadt fahren müsse, um etwas bei einem Freund abzuholen.

Es dämmerte bereits, als Titan mit dem Auto in einen abgelegenen Waldweg einbog und dort anhielt. Er bat seinen Kumpel Hartmut, aus dem Auto auszusteigen und in einiger Entfernung so lange zu warten, bis er ihn rufen würde, was dieser auch tat. Titan setzte sich zu Halyna auf den Rücksitz, verriegelte die Türen und begann, die Frau auszuziehen. Halyna versuchte, ihre Jacke zuzuhalten und rief immer wieder nach Hartmut um Hilfe, der jedoch nicht darauf reagierte. Titan zog Halyna die Hose herunter und vergewaltigte sie bis zum Samenerguss. Hartmut griff, wie von Titan vorausgesehen, nicht in das Geschehen ein und hielt sich zurück. Schließlich gab Halyna vor, dass sie dringend auf die Toilette müsse. Titan entließ sie aus dem Auto und Halyna konnte sich in ein angrenzendes Maisfeld flüchten. Dort versteckte sie sich und schließlich gelang ihr die Flucht zum nächsten Dorf.

Titan wurde wegen der Delikte zu einer Freiheitsstrafe von sieben Jahren verurteilt, die er komplett verbüßte. Nach der Haftentlassung schloss sich Titan als Schlagzeuger einer Rockband an und bereiste auf einer Tournee verschiedene europäische Städte. Er war beim weiblichen Publikum besonders beliebt und unterhielt häufig nach den Aufführungen sexuelle Kontakte. Doch auch in diesem neuen, abwechslungsreichen Umfeld beging er erneut Straftaten.

Nur vier Monate nach der Entlassung aus der Haft und damit noch während der Führungsaufsicht vergewaltigte Titan im Abstand von nur drei Wochen wieder zwei Frauen: Titans dritte Vergewaltigung beging er gemeinsam mit seinem Kumpel Armin. Titan und Armin kannten sich aus Kindertagen. Eines Abends fuhren sie gemeinsam mit dem Auto durch die leeren Straßen einer Kleinstadt. Sie sahen eine Frau, die allein den Bürgersteig entlangging, und beschlossen, sie zu vergewaltigen. Armin hielt direkt neben der Frau, Titan stieg auf der Beifahrerseite aus und zerrte die Frau auf die Rückbank des Fahrzeugs. Die Täter fuhren zu einem entlegenen Feldweg und forderten die Frau auf, auszusteigen und sich zu entkleiden. Aus Angst befolgte die Frau die Anweisungen der Männer. Sie musste sich auf eine Decke legen, die die Täter vor dem Auto auf den Boden ausgebreitet hatten. Erst vergewaltigte Armin die Frau bis zum Samenerguss und dann tat es ihm Titan gleich. Anschließend nahmen die beiden Männer ihrem Opfer die Handtasche weg, stiegen in ihr Auto und ließen die Frau allein zurück. Es gelang ihr, nach Hause zu finden und die Polizei zu informieren. Erst Monate später konnten die Täter gefasst werden. Beide räumten die Tat im vollen Umfang ein.

In der Zwischenzeit beging Titan die vierte Vergewaltigung im selben Sommer, diesmal allein. Er fuhr mit einem Auto ziellos durch Deutschland und schlenderte durch verschiedene Innenstädte. Dabei begegnete er einer kleinen Gruppe, die in der Fußgängerzone musizierte. Die Sängerin der Band gefiel Titan und er fasste den Entschluss, sie in sein Auto zu locken, um mit ihr Geschlechtsverkehr zu haben. Er lobte das musikalische Talent der Gruppe und verwickelte die Sängerin in ein Gespräch. Dabei gab er sich als Talentscout aus und fragte die junge Frau, ob sie Lust hätte, jetzt spontan in seinem Tonstudio ein paar Aufnahmen zu machen.

Die junge Frau willigte ein und stieg zu Titan ins Auto. Er fuhr mit ihr auf einen abgelegenen Parkplatz, unter dem Vorwand, dass Titan noch mit einem Kollegen telefonieren müsse. Dort parkte jedoch ein anderes Auto mit mehreren Jugendlichen, was Titan irritierte und ihn zunächst von der Vergewaltigung der jungen Frau abhielt. Titan fuhr mehrere Stunden lang mit ihr durch verschiedene Ortschaften, ohne dass seine Beifahrerin Verdacht zu schöpfen schien. Aus den Gesprächen mit ihr hatte Titan erfahren, dass sie aus einem anderen Bundesland kam und nur zu Gast bei Freunden war, mit denen sie muszierte. Titan schlussfolgerte daraus, dass sie über keinerlei Ortskenntnisse verfügte.

In der einsetzenden Dämmerung fuhr er in ein Waldstück, das ihm aus seiner Jugendzeit bekannt war, und sagte, dass es sich dabei um eine Abkürzung handeln würde. An einer abgelegenen Stelle hielt Titan den Wagen an und erklärte der jungen Frau, dass er sie belogen habe und in Wirklichkeit Menschenhändler sei. Er erhalte für jede Frau, die er an Zuhälter übergebe, eine große Bargeldsumme. Seine Geschäftspartner würden in der Nähe auf seinen Anruf warten, um die Übergabe stattfinden zu lassen. Die Frau habe nun die Wahl: Entweder würde er sie an die Zuhälter übergeben oder Titan und sie würden gemeinsam ein »paar schöne Stunden« verbringen und anschließend würde er sie zu ihren Freunden zurückfahren. Die junge Frau hielt diese Aussage zunächst für einen Scherz, bekam dann aber Angst, weil Titan ernst blieb. Er forderte sie auf, auf der Rückbank des Wagens Platz zu nehmen, entkleidete sie und zwang sie, Oralverkehr an ihm auszuführen. Sie erfüllte Titans Forderungen aus Angst. Anschließend fuhr er die junge Frau in das nächste Dorf und ließ sie gehen.

Titan wurde für die Vergewaltigungen zu einer elfjährigen Haftstrafe mit anschließender Sicherungsverwahrung verurteilt. Er räumte die ihm vorgeworfenen Delikte ein, bekräftigte dabei aber, dass er kaum körperliche Gewalt angewendet habe. Er habe sich eingeredet, dass es keine Vergewaltigung sei, wenn er keinen körperlichen Zwang ausüben würde.

Aus Titans Lebensgeschichte und seiner Vorgehensweise bei den Delikten haben wir bereits erste Hinweise auf psychopathische Eigenschaften erhalten, die wir mithilfe der Psychopathie-Checkliste von Robert D. Hare einordnen können. Besonders die Faktoren 3 und 4, nämlich »Lebensstil« und »antisoziales Verhalten« lassen sich anhand der Informationen aus den Akten einschätzen: Titan hat bereits als Kind *frühe Verhaltensauffälligkeiten* gezeigt, indem er wiederholt die Schule schwänzte und kleinere Delikte beging (2 Punkte). Innerhalb weniger Monate nach der zweiten Haftstrafe vergewaltigte er erneut, was *Bewährungsversagen (beziehungsweise Verletzung der Führungsaufsicht)* darstellt (2 Punkte). Da er neben den Vergewaltigungen auch verschiedene weitere Straftaten begangen hatte, ist auch der Faktor *Kriminelle Vielseitigkeit* erfüllt (2 Punkte). Insgesamt zeigte er sich im Rahmen verschiedener Straftaten *verantwortungslos* (2 Punkte). Titans Lebensstil war mit seinen Reisen mit der Rockband durch Deutschland und Europa sehr abwechslungsreich, was für ein großes *Bedürfnis nach Stimulation* spricht (2 Punkte). Zudem war er kreativ darin, sich Lügengeschichten auszudenken, um seine Opfer dazu zu bringen, in sein Auto zu steigen und sie später einzuschüchtern und zu vergewaltigen. Deswegen gehen wir davon aus, dass das Merkmal *Betrügerisch-manipulativ* (2 Punkte) ebenfalls erfüllt ist. Titan hatte viele Sexualkontakte mit Frauen und wir bewerten daher sein Sexualverhalten als *promisk* (2 Punkte). Seine Einstellung zu den Vergewaltigungen (»Wenn ich keine körperliche Gewalt anwende, ist es keine Vergewaltigung«) spricht für *fehlende Verantwortungsübernahme für das eigene Handeln* (2 Punkte). Zwei der Vergewaltigungen hatte er begangen, weil er Frauen vom Auto aus auf der Straße gesehen hat und Lust auf Sex mit ihnen hatte, was für *Sprunghaftigkeit* spricht (2 Punkte). Ohne Titan persönlich kennengelernt zu haben, kommen wir bereits durch das Aktenstudium auf einen Summenwert von 18 in der PCL-R. Dieser Wert musste aber in den Gesprächen mit Titan noch überprüft werden.

Ich war sehr gespannt darauf, wie sich Titan in den persönlichen Gesprächen präsentieren würde. Andererseits war ich auch auf der Hut, da ich wusste, wie gefährlich Psychopathen sein können.

Aber was genau macht psychopathische Menschen eigentlich so gefährlich? Die Psychopathie-Forschung besagt, dass Psychopathen keine echten emotionalen Erfahrungen oder nicht kalkulierten zwischenmenschlichen Beziehungen eingehen können. Sie betrachten das Leben als Spiel mit dem Ziel, zu gewinnen. Aus emotionaler Nähe zu anderen Menschen können sie keine positiven Gefühle ziehen. Sie blicken auf andere herab, machen sich insgeheim lustig über sie und versuchen, sie zu dominieren. Psychopathen haben kein Gewissen, kennen also auch keine Verbindlichkeit oder Verpflichtung, die auf einer emotionalen Nähe zu anderen Menschen basiert.

Sie verspüren keine Angst und lernen nicht durch Bestrafung – wohl aber durch Belohnung.

Studien haben gezeigt, dass Psychopathen viermal so viel Dopamin freisetzen wie Menschen ohne psychopathische Eigenschaften. Dopamin ist ein Botenstoff, der für Motivation und Antriebssteigerung sorgt. Wenn Psychopathen eine kurzfristige Belohnung in Aussicht gestellt bekommen, konzentrieren sie sich viel stärker darauf als andere Menschen. Sie fokussieren sich intensiv auf ihr Ziel und behalten es im Auge wie ein Raubtier seine Beute. Wenn sie sich für eine Frau interessieren, die sie »besitzen« wollen, setzen sie all ihren Charme und ihr Manipulationsgeschick ein, um sie von sich zu überzeugen. Ihre Hartnäckigkeit ist herausragend und führt oft zum Ziel. Wenn das Interesse an dem Objekt der Begierde nachlässt und sie keine Vorteile mehr aus der Beziehung ziehen können, lassen sie es fallen und wenden sich einem anderen zu. Menschen sind für sie austauschbar.

Auch wenn Psychopathen gefühllos sind, haben sie ein besonderes Talent dafür, die Emotionen ihrer Mitmenschen zu erkennen. Dies klingt paradox, und ich habe mich oft selbst gefragt, wie es möglich ist, dass Menschen ohne Emotionen diese bei anderen sogar besonders gut wahrnehmen können. Wenn wir uns jedoch in einen Psychopathen hineinversetzen, erscheint diese Tatsache weniger widersprüchlich: Stellen wir uns vor, dass wir ein Leben führen, in dem wir keinerlei Ängste oder Sorgen haben. Wie andere uns sehen, ist uns egal. Wenn wir zum Beispiel am ersten Arbeitstag die neuen Kollegen kennenlernen, die in einer Gruppe um uns herumsitzen, sind wir innerlich entspannt und machen uns keinerlei Gedanken darüber, was wir sagen sollen oder wie wir gut bei ihnen ankommen könnten. Da wir keine Gefühle empfinden, die uns ablenken, können wir unsere Energie gänzlich dafür verwenden, die anderen zu beobachten und unsere Schlüsse aus ihrem Verhalten zu ziehen. Diese genaue Beobachtung, unbeeinflusst von Gefühlen, haben wir bereits unser ganzes Leben lang praktiziert. Wir wissen genau, wie sich die Mimik verändert, wenn Menschen traurig, irritiert oder glücklich sind. Wir haben zwar keine Vorstellung davon, wie sich das anfühlt, aber wir kennen die Verbindung zwischen dem Gesichtsausdruck, der Körpersprache und dem Begriff »traurig« oder »schuldig« und wir wissen, wie Menschen mit diesem Gefühl reagieren und wie wir sie für unsere Zwecke beeinflussen können. Da wir kein Mitgefühl haben, betrachten wir die vielfältigen emotionalen Zustände unserer Mitmenschen lediglich mit einer kühlen Faszination und versuchen, daraus unsere Vorteile zu ziehen.

Psychopathen sind zudem besser darin, falsche Emotionen glaubhaft vorzutäuschen, als Personen ohne psychopathische Eigenschaften. Deswegen schaffen sie es, bösartige Absichten zu verbergen und das Vertrauen ihrer Mitmenschen zu gewinnen. Sie sind besonders begabt darin, Geschichten glaubhaft herüberzubringen, unabhängig davon, ob diese der Wahrheit entsprechen. Dabei arbeiten sie oft mit übertriebener Körpersprache und interessanten Wendungen, um ihre Zuhörer zu fesseln. Das gelingt ihnen auch, selbst wenn ihre Geschichten nicht so logisch-kohärent sind wie bei Menschen ohne psychopathische Eigenschaften. Psychopathen besitzen außergewöhnliche Überzeugungskraft und ein besonderes Manipulationsgeschick. Der forensische Psychologe Reid Meloy führte Auswahlgespräche für eine Stelle, die er besetzen wollte. Einer der Bewerber stach mit seiner Intelligenz, seinem Wissens- und Wortschatz besonders hervor. Meloy dachte sich: *Wow, dieser Mann ist brillant.* Erst später fiel ihm auf, dass der Bewerber durchgängig Sätze aus Reid Meloys eigenem Forschungsartikel zitiert und in betrügerischer Absicht als seine eigenen Erkenntnisse ausgegeben hatte. Solche Strategien findet man häufig bei Menschen mit hohen Psychopathie-Werten.

Psychopathen gelingt es wegen ihrer distanzierten Beobachtungsgabe besonders gut, Menschen zu erkennen, die etwas zu verbergen haben. In einer Studie des Psychopathie-Experten Kevin Dutton durchquerten Personen einen Raum. Die Hälfte dieser Personen sollte dabei ein rotes Taschentuch versteckt mit sich führen. Wenn sie es erfolgreich schmuggeln konnten, ohne entdeckt zu werden, sollten sie dafür 100 Dollar erhalten. Die andere Hälfte der Personen trug kein Taschentuch. Die Menschen, die den Raum durchquerten, wurden von Psychopathen und Nicht-Psychopathen mit dem Ziel der Enttarnung des Taschentuchträgers beobachtet. Über 70 Prozent der Psychopathen enttarnten die richtigen Verdächtigen, während nur 30 Prozent der Personen mit niedrigen Psychopathie-Werten diese erkannten.

Psychopathen sind in der Lage, die Verletzlichkeit fremder Menschen sogar an deren Gang zu erkennen. In einer Studie sollten Männer Videoaufnahmen von ihnen unbekannten Frauen anschauen und einschätzen, ob diese bereits Opfer einer Gewalttat geworden sind. Männer mit hohen Psychopathie-Werten hatten dabei eine höhere Trefferrate als Probanden mit wenigen psychopathischen Eigenschaften. Sie sind erschreckend gut darin, Schwächen anderer Menschen blitzschnell ausfindig zu machen.

Bemerkenswert ist auch die Leichtigkeit, mit der Psychopathen lügen. Die meisten Menschen würden am liebsten im Erdboden versinken, wenn sie öffentlich als Lügner oder Betrügerin bloßgestellt werden. Psychopathen lassen sich jedoch nicht davon beirren. Sie sehen ihrem Gegenüber beim Lügen direkt in die Augen und geben mit überzeugender Selbstsicherheit ihr Ehrenwort.

Zusammenfassend lässt sich feststellen, dass die Mischung aus Gefühlsarmut, fehlendem Gewissen, mangelndem Mitgefühl, der Neigung zur Manipulation und der besonderen Fähigkeit, die Schwachstellen anderer Menschen zu erkennen und gezielt für sich auszunutzen, Psychopathen so gefährlich macht.

Ich fragte mich, ob Titan meine Schwächen unmittelbar herausfinden und versuchen würde, mich für seine Zwecke zu manipulieren.

Titans gefährliches Charisma

Nicht nur ich hatte mich auf das erste Zusammentreffen vorbereitet, sondern auch Titan. Bevor ich ihm eine offizielle Einladung zu einem Termin bei mir geben konnte oder ihn auch nur gesehen hatte, kam er bereits auf mich zu und passte mich auf dem Flur ab: »Ah, hallo, Sie sind Frau Dr. Giebel, meine neue Psychologin. Ich bin Titan. Wann habe ich meinen Termin bei Ihnen?«

Ich hatte bis dahin noch nie einen Menschen getroffen, der beim ersten Kontakt derart selbstbewusst wirkte. Es erschien mir fast so, als wären wir seit vielen Jahren befreundet, nur, dass ich an Amnesie litte und nur er sich daran erinnerte. Titan war eine Erscheinung: groß, kräftig, langes glänzendes Haar mit Rotstich, das er zum Zopf zusammengebunden trug. *Wie ein Wikinger!*, dachte ich.

Titan war völlig angstfrei. Er sprach laut, stand immer und überall im Mittelpunkt und setzte sich vehement für seine Bedürfnisse ein. Wenn er verärgert war, führte er lange empörte Monologe, bei denen er sich nicht unterbrechen ließ. Die Mitarbeitenden des allgemeinen Vollzugsdiensts beschwerten sich über sein forderndes Auftreten. Titans Sozialarbeiter spielte mit dem Gedanken, ihn abzugeben, weil er ihn so anstrengend fand.

Es gab immer irgendeine Sache, wegen der Titan sich angegriffen fühlte und aufbrausend reagierte. Titan erlebte ich nie nachdenklich oder gar traurig. Er erzählte mir, dass der Arzt ihn zu weiteren Untersuchungen ins Krankenhaus schicken wolle, weil er den Verdacht einer schweren Erkrankung habe. Titan war deshalb aber überhaupt nicht besorgt. Er zuckte mit den Schultern und sagte: »Ich kann nichts dagegen tun. Wenn ich krank bin und daran sterbe, dann ist das eben so. Ich habe keine Angst vor dem Tod.« Er wirkte tatsächlich unberührt von der Möglichkeit, eine potenziell tödliche Diagnose zu bekommen. Letztlich stellte sich seine Symptomatik dann aber ohnehin als unbedenklich heraus.

In der Therapie entfaltete er sich mit seiner gesamten schillernden, wortgewandten Spannbreite. Er brachte Flipcharts aus vorangegangen Therapien mit und trug Erkenntnisse über seine Straftaten vor wie in einer professionellen Präsentation. Die Geschichten, die er aus seinem Leben erzählte, erinnerten mich an Doku-Soaps wie *Familie im Brennpunkt* oder *Frauentausch*. Ich fühlte mich auf eine oberflächliche Art von Titan gut unterhalten.

Allerdings sprach er auch von den von ihm begangenen Sexualstraftaten so, als handele er sich um einen Ausflug zum Baggersee oder einen Einkauf im Baumarkt. Er erzählte der Reihe nach, was er wann wie gedacht und getan hatte. Dabei schien Titan emotional überhaupt nicht von seinen Taten berührt zu sein. Er zeigte keinerlei Mitgefühl für seine Opfer. Als Hauptmotivation dafür, nicht erneut straffällig zu werden, äußerte er vor allem Sorge um seine eigene körperliche Unversehrtheit: »Letztens ist mir eingefallen, dass es ja total dumm ist, eine Frau zum Oralverkehr zu zwingen. Wenn die mal so richtig zubeißen würde, hätte man einige Probleme. Ich verstehe bis heute nicht, warum das keine Frau bei mir gemacht hat.«

Titan hatte auch immer neue Geschichten parat, die erklären sollten, warum er die Vergewaltigungen begangen hatte. Gleich beim ersten Gespräch gab er an, dass er seine erste Sexualstraftat aus Rache an einer Lehrerin begangen habe, die ihn in der Schule drangsaliert habe. Titans erstes Opfer war allerdings 16 Jahre alt. Wie konnte das Mädchen seine frühere Lehrerin sein? Als ich Titan mit diesem Widerspruch konfrontierte, sagte er, dass er sich nicht mehr ganz genau daran erinnern könne. Dann behauptete er, einen allgemeinen Hass auf Frauen entwickelt zu haben und deswegen zum Vergewaltiger geworden zu sein. Als ich fragte, wie er es geschafft habe, trotz dieses Hasses eine Frau zu heiraten, entgegnete er, dass er nicht alle Frauen verabscheuen würde, sondern nur arrogante Frauen.

Auch Titans Erklärungen zum Tatgeschehen passten nicht mit den tatsächlichen Tathandlungen zusammen. Sein letztes Opfer, das er stundenlang im Auto herumgefahren hatte, bevor er es vergewaltigt hatte, sei ihm sympathisch gewesen, erzählte er mir. Warum hatte er die Vergewaltigung dennoch begangen? Ist Frauenhass tatsächlich eine Erklärung dafür, eine Frau zu vergewaltigen, deren Auto liegengeblieben ist? Oder zeigt dieses Geschehnis nur, dass Titan günstige Gelegenheiten nutzte, um aus dem Moment heraus seine Bedürfnisse zu befriedigen?

Titans emotionale Unberührtheit zeigte sich unter anderem auch darin, dass er mir offen erzählte, er habe darüber nachgedacht, seine Straftaten zu verdecken, indem er seine Opfer tötete. Er hätte sie einfach verschwinden lassen können, indem er ihre Leichen an Schweine verfüttert hätte, erzählte er mir und fügte hinzu: »Ich weiß auch nicht, warum ich das nicht gemacht habe.« Er zuckte dabei ratlos mit den Schultern. »Schweine fressen einfach alles. Das habe ich damals schon gewusst.«

Wenn wir uns die Merkmale aus der Psychopathie-Checkliste (PCL-R) ansehen und mit dem abgleichen, was wir bis jetzt über Titan wissen, bekommt er in folgenden Bereichen jeweils zwei Punkte: *Sprachliche Gewandtheit/Oberflächlicher Charme, Übersteigertes Selbstwertgefühl, Mangel an Reue oder Schuldgefühl, Geringe Empfindungsfähigkeit, Herzlosigkeit/Mangel an Empathie, Schwache Verhaltenskontrolle* (weil er schnell aufbrausend wird) und ein Faktor, der bei Titan besonders herausstach und den ich noch beschreiben werde: *Pathologisches*

Lügen. Dies ergibt einen Wert von weiteren 14 Punkten, sodass Titan mit den 18 Punkten aus dem Aktenstudium einen Summenwert von mindestens 32 Punkten hatte, was stark dafür sprach, dass er ein Psychopath war.

Titan war sehr aktiv und seine Energiereserven schienen nie zu erlöschen. Er war meist im Haus und Freistundenhof aktiv; er reparierte kaputte Elektrogeräte, baute ein Gewächshaus, zog dort Gemüse und kleine Obstbäume heran und siedelte sogar tropische Schmetterlinge wie den Indischen Admiral und das Tagpfauenauge an. Anders als viele andere Untergebrachte hatte er keine Drogen- oder Alkoholprobleme. Dies war vor allem vor dem Hintergrund interessant, dass er ständiger äußerer Stimulation bedurfte und es ihm schwerfiel, sich in Ruhe in sein Zimmer zurückzuziehen. Andere Verwahrte, die dieses Problem ebenfalls hatten, ließen sich vom Arzt ein Opiatsubstitut verabreichen oder kifften regelmäßig. Titan gab jedoch an, noch nie in seinem Leben ein alkoholisches Getränk oder gar Drogen zu sich genommen zu haben. Das erschien mir schier unvorstellbar. Warum hatte er Alkohol noch nicht mal ausprobiert, so wie fast jeder andere Jugendliche oder junge Erwachsene?

Titan beantworte diese Frage mit einem Schulterzucken. Er habe nie das Verlangen danach verspürt und zudem bemerkt, wie sehr sich die Menschen in seinem Umfeld verändert hätten, wenn sie Alkohol zu sich nahmen. So habe er nie sein wollen. Vor dem Hintergrund seiner Straftaten und seiner Persönlichkeit dämmerte mir langsam, dass es Titan wichtig war, die absolute Kontrolle in verschiedenen Lebenssituationen und über andere Menschen zu bewahren. Die dämpfende Wirkung von Alkohol und anderen Drogen hätte aus Titans Perspektive die Gefahr geborgen, dass er nicht mehr schnell handlungsfähig gewesen wäre. In einem Leben auf der Flucht vor Polizei und Justiz hätte dieser Kontrollverlust fatal sein können. Andererseits war es durchaus möglich, dass Titan mich diesbezüglich angelogen hatte. Denn Lügen und das Erzählen spannender, aber unwahrer Geschichten waren seine Spezialität. In den Akten fand ich keinen Hinweis darauf, dass Titan Drogen oder Alkohol konsumiert hatte. Es konnte jedoch sein, dass er auch die Gutachterinnen angelogen und man ihn einfach nie damit erwischt hatte.

Titan liebte Autos, insbesondere Trucks, und Sex mit Frauen. Ich konnte mir Titan sehr gut als Teilnehmer einer Reality-Show wie *Big Brother* oder dem *Dschungelcamp* vorstellen. Er hatte einen hohen Unterhaltungswert und würde sich in einer solchen Sendung sehr wohlfühlen, was er auch selbst oft betonte.

In all den Jahren, in denen ich für Titan zuständig war, ereignete sich nicht ansatzweise irgendetwas, was ihm peinlich gewesen wäre. Wortgewandt fand Titan immer Erklärungen für sein unpassendes, lautes und dominantes Verhalten, für das sich andere Menschen im Nachhinein geschämt hätten. Die Wände seines Zimmers waren übersät mit Postern nackter Frauen. Ihm war es überhaupt nicht unangenehm, wenn man ihn dort aufsuchte und unweigerlich auf große Brüste und *Landing Strips* schaute. Als ich ihn danach fragte, wie er es finden würde, wenn ich Poster von nackten Männern in meinem Büro aufhängen würde, sagte er, dass ihn das nicht stören würde. Fotos nackter Frauen in meinem Büro würde er jedoch als Provokation auffassen und davon ausgehen, dass ich seine

Reaktion testen wolle. Die Fotos in seinem Zimmer empfand er keineswegs als Zumutung für weibliche Mitarbeitende der Einrichtung. Es sei schließlich seine Privatangelegenheit, mit welchen Bildern er seinen Raum ausstatte.

Im Umgang mit mir und anderen Mitarbeiterinnen der Einrichtung war Titan dennoch respektvoll. Meine Kolleginnen und ich erlebten ihn nie anzüglich, er hatte keinen seltsamen Blick, mit dem er einen anstarrte oder einem heimlich hinterherschaute, sondern er behandelte Mitarbeiterinnen genauso wie Mitarbeiter: kameradschaftlich, gesprächig und offen. Ich hörte auch nie von anderen Verwahrten, dass sich Titan in sexueller Weise über Mitarbeiterinnen geäußert hätte. Anders als die meisten Untergebrachten blieb er bei Beamten des allgemeinen Vollzugsdienst beim förmlichen »Sie«, auch wenn manche von ihnen ihn duzten.

Titan mochte es, über sexuelle Themen zu sprechen, wirkte dabei aber nicht anzüglich. Er erzählte mir von einer Dokumentation über einen »Flatrate-Puff«, die er gesehen habe. Kunden könnten dort für eine Flatrate von 99 Euro so viel Alkohol trinken und so oft mit unterschiedlichen Sexarbeiterinnen schlafen, wie sie wollten. Das System rentierte sich nur, weil die Kunden in Folge des hohen Alkoholkonsums nicht so lange durchhielten. Titan war fasziniert von diesem Geschäftskonzept. Gleichzeitig war er sich sicher, dass er, wenn er als Frau geboren worden wäre, als Prostituierte oder Pornodarstellerin sein Geld verdient hätte. Er empfand Sexarbeit als leicht verdientes Geld für Frauen. Männliche Pornodarsteller hätten es hingegen schwer, weil sie ihre Erektion halten und auf Kommando zum Höhepunkt kommen müssten.

In diesen Äußerungen Titans offenbarten sich gleich mehrere Eigenschaften eines Psychopathen: das Bedürfnis nach Stimulation, hier in Form von Sex mit mehreren Geschlechtspartnern und unter anderem vor laufender Kamera; ein Mangel an Empathie, in diesem Fall für Sexarbeiterinnen und Pornodarstellerinnen, und die für Psychopathen typische Gefühlsarmut, die sich darin äußerte, dass Titan sexuelle Dienstleistungen rein rational als mögliche Einkommensquelle betrachtete, ohne die emotionalen Auswirkungen zu beachten.

Titan erzählte mir stolz, dass er zum jährlichen Sommerfest der Einrichtung Prominente einladen könnte. Sein Bruder sei mit einer Schauspielerin, Fabienne, verheiratet und habe zwei Kinder mit ihr. Sie würde sicher mit ihren Freundinnen, ebenfalls jung, schön und prominent, zum Sommerfest kommen, wenn er sie einladen würde. Ich empfand diese Geschichte als sehr unglaubwürdig und googelte »Fabienne«. Ich fand keinerlei Informationen darüber, dass die Schauspielerin verheiratet sei oder Kinder habe, sondern, im Gegenteil, als kinderloser Single noch auf der Suche nach einem passenden Partner sei. Also hatte Titan mal wieder eine spannende Geschichte erfunden.

Als ich ihn damit konfrontierte, reagierte er gelassen: Vielleicht sei sein Bruder inzwischen nicht mehr mit Fabienne zusammen. Er habe schon länger keinen Kontakt mehr zu ihm gehabt. In diesem Zusammenhang sprach ich Titan auf seine Neigung zum Fabulieren an und fragte ihn, warum er sich solche Geschichten ausdenke.

Er starrte mich an und sagte: »Mir wurde schon so oft vorgeworfen, dass ich Lügen verbreiten würde. Ich weiß nicht, warum andere Menschen mir das immer wieder andichten wollen.

Ich erzähle nur das, was mir tatsächlich passiert ist. Deswegen habe ich mir angewöhnt, Beweise für meine Erlebnisse zu erbringen. Mich ärgern diese falschen Anschuldigungen.«

»Vielleicht schmücken Sie die Geschichten weiter aus und mögen die Reaktion Ihres Gegenübers darauf?«, entgegnete ich.

»Ich schmücke nichts aus, sondern erlebe alles genau so, wie ich es berichte. Ich brauche von anderen keine Aufmerksamkeit. Mir ist es nicht wichtig, was andere von mir denken.«

»Ihnen war es anscheinend aber schon wichtig, mir davon zu erzählen, dass Sie prominente Frauen zum Sommerfest einladen könnten.«

»Warum auch nicht? Ich kann das möglich machen, wenn ich will, und die anderen Männer würden sich sicher freuen«, sagte Titan und warf mit einer scharfen Kopfbewegung seinen Zopf nach hinten über die Schulter.

Zum Sommerfest kam keine Schauspielerin.

Ich fragte Titan im Laufe der Therapie einmal, ob er früher oder aktuell darüber nachgedacht habe, Vater zu werden. Titan verzog fast unmerklich seine Unterlippe und antwortete: »Ich wollte nie Vater werden. Ich möchte mein Kriminalitätsgen nicht an meine Kinder weitergeben.«

»Sie denken, dass Sie ein Kriminalitätsgen haben? Wie kommen Sie darauf?«, fragte ich erstaunt.

»Mein Vater war kriminell und ich bin es auch. Ich glaube, dass man einen Hang zur Begehung von Straftaten vererben kann. Ich habe sicher dieses Kriminalitätsgen und würde es an meine Nachkommen weitergeben. Deswegen wollte ich nie eigene Kinder zeugen. Sie würden wahrscheinlich ein ähnliches Leben führen wie ich und oft inhaftiert sein.«

Ich war erstaunt über Titans Einsicht, dass es wahrscheinlich besser sei, seine Gene nicht weiterzugeben. Dies erschien mir unerwartet verantwortungsvoll.

Ein paar Monate später ging plötzlich das Gerücht um, dass Titan während der Verwahrung ein Kind gezeugt habe. Tatsächlich bekam er in der Einrichtung manchmal Besuch von verschiedenen Frauen. Die Besuchstermine fanden in einem Raum statt, der nicht durchgängig bewacht wurde. Eine dieser Besucherinnen brachte später eine Tochter zur Welt und gab an, dass Titan der Vater sei.

Titan zeigte sich mir und anderen Mitarbeitenden der Einrichtung gegenüber empört über diese Anschuldigung: »Ich habe nie etwas mit dieser Frau gehabt.« Er verzog angewidert das Gesicht: »Die Frau ist völlig krank und will mir ein Kind anhängen. Sie hat schon vier Kinder von verschiedenen Männern. Mit so einer Person habe ich doch nichts! So eine Frau würde ich nie anfassen. Ich werde einen Vaterschaftstest machen, um diese falschen Anschuldigungen gegen mich aus dem Weg zu räumen.«

Titan wirkte sehr überzeugend und ich konnte mir nicht vorstellen, dass er im regulären Besuchsraum mit irgendeiner Frau Sex gehabt haben könnte. Die Mitarbeitenden des allgemeinen Vollzugsdiensts waren zwar nicht durchgängig anwesend, aber sahen zwischendurch doch immer mal nach dem Rechten. In dieser Zeit ein Kind zu zeugen wäre schon sehr abenteuerlich gewesen.

Zwei Monate später passte mich Titan auf dem Flur ab: »Haben Sie schon die neuen blauen Schmetterlinge im Gewächshaus gesehen? Die habe ich ausgesucht. Übrigens habe ich das Ergebnis des Vaterschaftstests bekommen: Ich bin der Vater des Kindes.«

»Wirklich? Wie kann das sein?«

»Ja, das frage ich mich auch. Ich hatte ja nur Oralverkehr mit der Frau. Wahrscheinlich hat sie mein Sperma aufgehoben und es sich dann später eingeführt. Sie wissen doch, so wie es damals bei Boris Becker in der Besenkammer war.«

Ich runzelte die Stirn. *Diese haarsträubende Lüge ist wieder mal typisch für Titan*, dachte ich und hakte nach: »Aber Sie haben mir gegenüber doch ganz klar gesagt, dass sie ›nichts‹ mit der Frau gehabt hätten.«

Titan antwortete: »Ja, stimmt ja auch. Ich habe gesagt, dass ich nie mit der Frau geschlafen habe und dass es deswegen nicht möglich ist, dass ich ein Kind mit ihr gezeugt haben soll.«

Titan konnte bedenkenlos und sekundenschnell die Geschichte so verändern, wie sie für ihn passte, was eine typische Eigenschaft von Psychopathen ist. Ich fand es interessant, dass mich Titans Lügen kaum störten. Aufgrund seines hohen Psychopathie-Werts rechnete ich eigentlich fast immer damit, dass er Geschichten erfand und ausschmückte.

Trotzdem hatte ich nicht den Eindruck, dass Titan versuchte, mich hinterhältig zu manipulieren. Er wirkte auf mich kumpelhaft und unterhaltsam. Ich konnte nachvollziehen, warum die Frauen zu ihm ins Auto gestiegen waren, obwohl sie das normalerweise nicht tun würden. Er wirkte nicht wie ein schmieriger, unheimlicher Vergewaltiger, sondern eher wie ein etwas prolliger, aber netter Mann, der keine Schwierigkeiten hatte, Frauen kennenzulernen, und ein aktives Leben führte.

Titan gelang es besonders gut, den Anschein von Normalität zu wahren. Und gerade deswegen war er so gefährlich.

Ich konfrontierte Titan damit, dass er aufgrund seines »Kriminalitätsgens« doch eigentlich keine Kinder haben wollte. Er entgegnete: »Ja, das wollte ich auch nicht. Aber jetzt ist es eben doch so gekommen.«

Wie entsteht Psychopathie?

Ein gewisser Anteil an der Entstehung von Psychopathie ist wahrscheinlich genetisch bedingt (etwa 40–60 Prozent). Insofern war Titans Annahme, dass er sein Kriminalitätsgen weitervererben könnte, nicht ganz falsch. Allerdings gibt es nicht ein einzelnes Gen, das für die Entwicklung einer Psychopathie ausschlaggebend ist, sondern eher Hochrisiko-Varianten von verschiedenen Genen. Eine auffällige genetische Abweichung ist die Genvariante MAOA-L, die auch als »Krieger-Gen« bekannt ist. Träger dieser Genvariante zeigen eine erhöhte Risikobereitschaft und dissoziale Verhaltensweisen.

Psychopathen weisen zudem auch Auffälligkeiten in verschiedenen Gehirnbereichen auf. Zum Beispiel konnten Studien zeigen, dass bei Menschen mit hohen Psychopathie-Werten das Volumen der grauen Substanz im präfrontalen Cortex und in der Amygdala reduziert ist. Diese Gehirnregionen sind unter anderem für moralische Bewertungen, Empathie, Selbstkontrolle (präfrontaler Cortex) und für emotionale Reaktionen (Amygdala) zuständig.

Auch die elektromagnetische Aktivität im Gehirn eines Psychopathen, gemessen mit dem EEG, weicht von der »normaler«

Menschen ab. Bei diesen kommen Theta-Wellen eigentlich nur in sehr entspannten Zuständen vor, wie in der Einschlafphase oder während einer Meditation. Bei Psychopathen treten sie aber auch in der Wachphase und manchmal sogar in Phasen stärkerer Erregung auf. Robert D. Hare entdeckte diesen Effekt bei einer Studie mit mehreren Psychopathen. Allerding wurde der wissenschaftliche Artikel dazu nie veröffentlicht, weil das Wissenschaftsmagazin der Überzeugung war, dass diese seltsamen Messergebnisse nicht von echten Menschen stammen könnten – was sie aber taten. Die Dominanz der Theta-Wellen im Wachzustand könnte erklären, warum Psychopathen so tiefenentspannt und frei von Ängsten sind. Neuere Studien konnten den von Robert D. Hare entdeckten Effekt bisher nicht belegen.

Es gibt also biologische Einflüsse, die das Phänomen Psychopathie teilweise erklären. Umwelteinflüsse, wie beispielsweise extreme Vernachlässigung sowie emotionaler, körperlicher oder sexueller Missbrauch in der Kindheit, können die Entstehung von Psychopathie ebenfalls fördern, vor allem in Verbindung mit einer ungünstigen genetischen Veranlagung.

Weiterhin können kulturelle Einflüsse psychopathische Eigenschaften begünstigen, wenn der jeweilige Kulturkreis eher individualistisch als kollektivistisch orientiert ist. Beispielsweise gibt es in den USA deutlich mehr Menschen mit einer dissozialen Persönlichkeitsstörung als in Taiwan. Kulturen, in denen die Gemeinschaft und Verbindung zu anderen Menschen besonders wichtig sind, haben einen stärker korrigierenden Einfluss auf Personen mit psychopathischen Tendenzen als Kulturen, in denen Individualität und Leistung im Vordergrund stehen.

Aus evolutionärer Perspektive haben sich psychopathische Gene bis heute durchgesetzt, weil die Reproduktionsstrategie der Träger dieser »psychopathischen Gene« erfolgreich war: Männliche Psychopathen haben eine höhere Anzahl an Sexualpartnerinnen und eine stärkere Neigung zu unverbindlichen Kurzzeitbeziehungen als Männer ohne psychopathische Eigenschaften.

NICKEL

Jeder Sicherungsverwahrte darf mehrmals im Jahr die Einrichtung verlassen. Er kann beispielsweise ins Museum gehen, eine Shoppingtour machen oder mit seiner Familie picknicken. Während dieser sogenannten »Ausführungen« wird er vom allgemeinen Vollzugsdienst begleitet, damit er nicht flieht oder erneut Straftaten begeht. Wenn mehrere Ausführungen problemlos verlaufen sind und der Verwahrte Fortschritte in der Therapie macht, kann er irgendwann mit nur noch einem Bediensteten statt mit zweien die Einrichtung verlassen. Um diesen Lockerungsschritt zu erlangen, muss sich der Verwahrte einer Prüfung unterziehen, die eine Psychologin oder ein Psychologe durchführt, die oder der ihn nicht regulär therapiert. Diese Vorgehensweise soll davor schützen, dass man Fehler in der Einschätzung des eigenen Klienten macht, weil man durch die langjährige Behandlung eventuell für manche Schwächen des Untergebrachten blind geworden ist.

Ich erhielt den Auftrag, eine solche Einschätzung für einen Mann vorzunehmen, den ich hier »Nickel« nenne. Konnte man Nickel zutrauen, dass er nicht versuchen würde, die Flucht zu ergreifen, wenn der einzige Beamte, der ihn beaufsichtigte, zur Toilette ging? Würde er die Gelegenheit nutzen, um Drogen entgegenzunehmen oder sogar, um erneut ein Opfer sexuell zu belästigen?

Um mir einen Eindruck von Nickel zu verschaffen, besorgte ich mir seine Akten. Beim ersten Durchblättern erschrak ich beim Lesen der Beschreibung der Straftaten ob der schieren Gefühllosigkeit gegenüber seinen Opfern.

Nickels Leben: durch die Frauen zu den Kindern

Nach dem Schulabschluss absolvierte Nickel eine Lehre als Maler. Mit Ende 20 begab er sich ins kriminelle Milieu. Wegen verschiedener Delikte wurde er zu Geld- und Haftstrafen (bis zu einem Jahr) verurteilt.

Nickel war fünfmal verheiratet und aus den Ehen gingen sechs Kinder hervor. Die kürzeste Ehe hielt zwei Monate und die längste sechs Jahre. Der Kontakt zu seinen Kindern brach jeweils nach den Trennungen von den Müttern ab. Seinen Unterhaltsverpflichtungen kam er nicht nach.

Nickel wechselte immer wieder seinen Arbeitsplatz, arbeitete in verschiedenen Berufsfeldern, inklusive gescheiterter Selbstständigkeiten, und verlagerte oftmals seinen Wohnsitz. Mit 38 Jahren arbeitete er als Kraftfahrer und fuhr mit seinem Lkw auch ins Ausland. In dieser Zeit versuchte er, das Vertrauen alleinerziehender Frauen zu gewinnen. Er schaffte es, zwei Frauen derart zu beeinflussen, dass sie ihn finanziell unterstützten und ihn bedenkenlos mit ihren jeweils etwa neun Jahre alten Töchtern allein ließen. Nickel nahm die Mädchen teilweise mit auf seine Auslandsreisen und missbrauchte sie in der Fahrerkabine seines Lkw oder auf Rastplätzen. Vor allem zwang er sie zum gegenseitigen Oralverkehr und zur Manipulation seines Geschlechtsteils. Eines der Mädchen, das er in der elterlichen Wohnung missbrauchte, als die Mutter nicht da war, war von der Hüfte abwärts gelähmt und saß im Rollstuhl. Für diese Sexualstraftaten wurde er zu einer Gefängnisstrafe von fünf Jahren verurteilt.

Während seiner Inhaftierung machte Nickel die Bekanntschaft eines Mitinsassen, Ingo, der wegen eines minderschweren Vergehens für wenige Monate einsaß. Nach Nickels Haftentlassung wurde er von Ingo und dessen Ehefrau Sabine in dem gemeinsamen Haus der Eheleute aufgenommen. Innerhalb von drei Monaten entwickelte sich eine Liebesbeziehung zwischen Nickel und Sabine.

Bereits in den ersten Wochen nach Nickels Einzug missbrauchte er gemeinsam mit Sabine deren drei Enkeltöchter sowie zwei gleichaltrige Freudinnen der Mädchen. Sabines Enkelinnen waren 10, 13 und 1 Jahr(e), die Freundinnen 12 und 11 Jahre alt. Nickel überredete sie zu sexuellen Handlungen, indem er ihnen versprach, dass sie einen Vertrag bei einer Modelagentur bekämen. Er zeigte ihnen ein gefälschtes Schreiben an eine entsprechende Agentur. Zudem versprach er den Mädchen, ein Pferd für sie zu kaufen.

Nickel fertigte tausende Fotos und Videos von dem sexuellen Missbrauch an. Sabine filmte die sexuellen Handlungen, die Nickel an den Mädchen vornahm und die sie an sich gegenseitig und an ihm vornehmen mussten. Diese umfassten vornehmlich Oralverkehr, manuelle Stimulation, aber auch

Geschlechtsverkehr. Aus dem Videomaterial ging hervor, dass Sabine ihre Enkelinnen zu den sexuellen Handlungen animierte, indem sie ihnen erklärte, was sie genau machen sollten, und die Mädchen lobte, wenn sie gehorchten.

Das Paar verbreitete einen kleinen Teil der angefertigten pornografischen Darstellungen im Internet. Zu einer Veröffentlichung des gesamten Materials kam es nicht, weil Sabines Tochter den Missbrauch an ihren Töchtern bemerkte und sich an die Polizei wandte, die das Paar kurz darauf festnahm. Das Haus war voller Videomaterial und Fotos, auf denen Opfer und Täter bei sexuellen Handlungen zu sehen und zu hören waren, sodass Nickel und Sabine zeitnah verurteilt werden konnten.

In Nickels Therapieakten las ich auch, dass Nickel pädophile Neigungen rigoros abstritt. Zu dem Kindesmissbrauch sei es aus seiner Sicht nur gekommen, weil er sich mit der Verbreitung der Fotos und des Videomaterials im Internet finanziell bereichern wollte. Er betonte, für die zuvor begangenen Sexualstraftaten zum Nachteil Minderjähriger zu Unrecht verurteilt worden zu sein. Seine Ex-Freundinnen hätten sich nach schwierigen Trennungen mit den falschen Tatvorwürfen des Kindesmissbrauchs an ihm rächen wollen.

Wenn wir uns diese biografischen Informationen über Nickel ansehen und mit der Psychopathie-Checkliste abgleichen, fallen uns einige herausragende Merkmale auf: Nickel hatte viele *kurze ehe(ähn)liche Beziehungen* (2 Punkte); er war fünfmal verheiratet. Sein *Sexualverhalten* kann als *promisk* bezeichnet werden, da er versuchte, mit zahlreichen Frauen eine sexuelle Beziehung einzugehen und deren Töchter zu missbrauchen (2 Punkte). Manche dieser Frauen und später auch der ehemalige Mitinhaftierte Ingo unterstützten ihn finanziell und nahmen ihn bei sich auf, was für einen *parasitären Lebensstil* spricht (2 Punkte). Nickel wurde nur wenige Wochen nach seiner Haftentlassung erneut straffällig, indem er mit seiner Partnerin deren Enkelkinder missbrauchte, was ein *Bewährungsversagen* darstellt (2 Punkte). Neben den Missbrauchsdelikten an Kindern hatte Nickel auch andere Straftaten begangen und bekommt daher einen Punkt für *kriminelle Vielseitigkeit*. Er stritt die begangenen Sexualdelikte an den Töchtern seiner Ex-Freundinnen ab, was für eine *fehlende Verantwortungsübernahme für eigenes Handeln* (2 Punkte) spricht. Die vielen Berufswechsel inklusive gescheiterter Selbstständigkeit sprechen sowohl für eine gewisse *Verantwortungslosigkeit* gegenüber seinen Mitarbeitenden (1 Punkt) als auch für einen *Mangel an realistischen, langfristigen Zielen* (2 Punkte). Nickel manipulierte systematisch alleinerziehende Frauen, um deren Töchter zu missbrauchen, und stellte einigen Opfern (gefälschte) Verträge von Modelagenturen in Aussicht, weswegen Nickel bei dem Merkmal *betrügerisch/manipulativ* ebenfalls 2 Punkte erhält. Nickel kommt daher bei der Psychopathie-Checkliste auf einen Wert von 16. Nach dem Aktenstudium war ich vorgewarnt, dass es sich bei Nickel wahrscheinlich um einen Psychopathen handeln könnte.

Es gab noch ein weiteres Detail über Nickel, das mir Sorgen bereitete: Er war knapp ein Jahr zuvor in einer Sicherungsverwahrung in einem anderen Bundesland untergebracht gewesen. Dort hatte er die Prüfung, die ich nun erneut vornehmen sollte, bereits bestanden und durfte mit nur einem Bediensteten seine Ausführungen wahrnehmen. Allerdings verhielt er sich in der damaligen Einrichtung erneut auffällig. Er besaß unerlaubterweise ein Smartphone und konsumierte damit kinderpornografische Fotos und Videos. Er wurde angeklagt, in unsere Einrichtung verlegt und das Privileg, nur von einem Bediensteten bei Ausführungen begleitet zu werden, wurde ihm entzogen.

Das Strafverfahren war zum Zeitpunkt meiner Prüfung noch nicht abgeschlossen. Daher galt Nickel, was dieses Verfahren betrifft, zunächst als nicht schuldig. Dennoch warf der Vorfall aus meiner Sicht ein sehr schlechtes Licht auf ihn. Er hatte anscheinend gar nichts aus seinen Fehlern gelernt und konsumierte sogar aus der Haft/Verwahrung heraus weiterhin kinderpornografisches Material. Ich verstand nicht, warum man den Ausgang des Strafverfahrens nicht abwarten wollte, bevor man Nickel einer erneuten Prüfung der Ausführungsmöglichkeiten mit nur einem Bediensteten unterzog. Schon jetzt ärgerte ich mich über diesen Mann. Wie schaffte er es, trotz seiner offensichtlichen Gefährlichkeit und der Dreistigkeit, erneut kinderpornografische Materialien zu konsumieren, wieder für die Prüfung bestimmter Privilegien vorgeschlagen zu werden? Er musste die Fähigkeit besitzen, andere von sich zu überzeugen, und das trotz seines abstoßenden Verhaltens, das aus den Akten bekannt war. Wie stellte Nickel das an? War er besonders charmant? Beharrlich? Oder sogar bedrohlich?

Mir fiel auf, dass Nickel als Kraftfahrer einen Beruf wählte, der nicht untypisch für Psychopathen ist. Hinzu kamen häufige Berufswechsel, Umzüge und eine allgemeine Umtriebigkeit. Er schien keine Angst davor zu haben, Risiken einzugehen, und konnte sich schnell an neue Lebensbedingungen anpassen. Ich fragte mich, ob es neben der Tätigkeit des Kraftfahrers noch weitere Berufe, Orte oder Einrichtungen gab, in denen man besonders häufig Psychopathen wie Nickel antreffen konnte, und wurde nach einer tiefer gehenden Recherche zu dem Thema fündig.

Wo finden wir besonders häufig Psychopathen?

Circa 1 bis 2 Prozent der Bevölkerung haben ausgeprägte psychopathische Eigenschaften, wobei Männer eher betroffen sind als Frauen. Damit ist die Wahrscheinlichkeit, dass jeder von uns schon mal einem Psychopathen begegnet ist, relativ hoch. Psychopathen brauchen Aufregung und Stimulation und fühlen sich daher von Großstädten magisch angezogen. Sie sind sehr aktiv (so wie Titan); Nichtstun und Langeweile sind nichts für sie. Daher profitieren sie vom Nachtleben, den Unterhaltungsmöglichkeiten, aber auch von der Anonymität der Großstadt, in der sie unbehelligt ihren Bedürfnissen nachgehen können, zum Beispiel in Clubs, Casinos oder auf Sexpartys.

Laut Robert D. Hare, dem Entwickler der Psychopathie-Checkliste, gibt es in den Führungsetagen von Unternehmen mehr Psychopathen als in anderen Berufsgruppen. Dies bestätigt auch eine Studie, in der 203 Fachkräfte in Unternehmen untersucht wurden. Je höher die psychopathischen Eigenschaften der Fachkräfte waren, desto besser waren auch deren Kreativität, Kommunikationsfähigkeit und strategisches Denken ausgeprägt. Allerdings schnitten psychopathische Personen schlechter bei der allgemeinen Leistung und den Managementfähigkeiten ab.

Man findet Psychopathen in Organisationen und Positionen, die Status, Macht, Kontrolle und große finanzielle Anreize bieten. Schnelle Veränderungen in Unternehmen stellen für Psychopathen kein Problem dar. Chaotische Organisationsstrukturen bieten ihnen die nötige Stimulation und die Möglichkeit, ihr manipulatives und missbräuchliches Verhalten zu verstecken.

Der britische Psychologe Kevin Dutton erstellte in Großbritannien eine Umfrage, um herauszufinden, in welchen Berufen die meisten Psychopathen anzutreffen sind. Die Probanden füllten einen Fragebogen aus (*Levenson Self-Report Psychopathy Scale*) und gaben ihren Beruf an. Die Ergebnisse sind in der Übersicht abgebildet. Auf der linken Seite ist die Rangliste der Berufsgruppen aufgeführt, in denen sich Menschen mit psychopathischen Eigenschaften häufen. Auf der rechten Seite die, in denen sich selten Psychopathen finden.

Berufe mit hohem Anteil an Menschen mit psychopathischen Eigenschaften	**Berufe mit geringem Anteil an Psychopathen**
1. Geschäftsführer	1. Pflegekraft (zum Beispiel im Seniorenheim)
2. Rechtsanwalt	2. Krankenpfleger
3. Medienberufe (TV/Radio)	3. Therapeut
4. Verkäufer	4. Handwerker
5. Chirurg	5. Stylist
6. Journalist	6. Arbeiter für die Wohltätigkeit
7. Polizist	7. Lehrer
8. Priester	8. Kreativdirektor
9. Koch	9. Arzt/Ärztin
10. Beamter	10. Buchhalter

Wissenschaftler entwickelten ein Instrument (*Business-Scan 360*), um psychopathische Eigenschaften in der Geschäftswelt aufzudecken. Die wichtigsten Merkmale von Geschäftsführern werden denen von Psychopathen gegenübergestellt:

Eigenschaften von Geschäftsführern	Eigenschaften von Psychopathen
Charisma	Oberflächlicher Charme
Hohes Selbstwertgefühl	Grandiosität
Fähigkeit, andere zu beeinflussen	Manipulation
Visionäres Denken	Erfinden von verworrenen Geschichten
Risikofreude	Impulsivität
Hohe Handlungsorientierung	Sensationslust
Fähigkeit, harte Entscheidungen zu treffen	Empfindungslosigkeit

In der tabellarischen Gegenüberstellung können wir erkennen, dass die Eigenschaften der Geschäftsführer denen der Psychopathen ähneln, jedoch weniger extrem ausgeprägt sind. Der Psychologe Kevin Dutton schlussfolgerte daraus, dass mittlere Psychopathie-Werte die beste Anpassung und damit einen größeren Erfolg in der Geschäftswelt ermöglichen als zu hohe oder niedrige Werte. Menschen, die wenig durchsetzungsfähig, veränderungsbereit und mutig sind, werden in der Geschäftswelt kaum Erfolge erzielen. Aber auch extrem dominantes, impulsives und manipulatives Verhalten, das Menschen mit hohen Psychopathie-Werten zeigen, führt nicht immer zum Erfolg, da man als unbeliebte Führungskraft unentwegt aneckt und von seinen Mitmenschen gemieden, enttarnt, abgelöst, abgemahnt oder gekündigt wird.

Wie bereits beschrieben, sitzen Psychopathen häufig in Gefängnissen ein und weisen eine fünf- bis achtmal größere Rückfallgefahr für gewalttätige Straftaten auf als andere Inhaftierte. Sie haben keine Hemmungen, Gewalt als routinierte Problemlösestrategie einzusetzen, um ihre Interessen durchzusetzen, und wenden diese nicht nur reaktiv (also als »heiße« Aggression nach einer Provokation) an, sondern auch instrumentell, als »kalte« Aggression, um ihre Ziele zu erreichen.

Bei meinen Recherchen über Psychopathen bin ich auf die Aussage eines FBI-Agenten gestoßen, der betonte, dass psychopathische Serienvergewaltiger und Mörder, die also keine *White-Collar*-Psychopathen sind, häufig den Beruf des Lkw-Fahrers ausüben. In dem Fahrzeug kann man verschiedenste Materialien und Werkzeuge verstauen, die man zur Tatbegehung braucht, man kann sich damit leicht auf die Suche nach neuen Opfern begeben, Menschen verschleppen, Leichen transportieren und es als geräumiges und unverdächtiges Fluchtfahrzeug mit großer Reichweite nutzen.

Psychopathen brauchen kein stabiles soziales Umfeld oder menschliche Nähe, und deswegen macht es ihnen nichts aus, wochenlang allein unterwegs zu sein. Sie sind stets auf der Suche nach Abwechslung, die sie sich unter anderem durch das Ausspähen und Überfallen neuer Opfer verschaffen. Auch Nickel hatte die Vergewaltigungen kleiner Mädchen in seinem Lkw begangen.

»In welche Körperstelle sollte ich stechen, um sicherzugehen, dass Nickel stirbt?«

Nickel stand in meinem Büro. Anders als Titan hatte Nickel kein imposantes Erscheinungsbild aufzuweisen, sondern war eher klein und unauffällig. Er nahm auf meinem dunkelgrünen Klientenstuhl Platz. Das besondere Charisma, das Psychopathen oft ausstrahlen, war bei Nickel nicht vorhanden. Im Gegenteil, er wirkte nicht besonders sympathisch auf mich.

Nickel stieg sofort ins Thema ein: »Sie werden nur eine Sitzung brauchen, um zu dem Schluss zu kommen, dass ich zukünftig nur mit einem Beamten rausgehen kann.«

»Wie kommen Sie darauf?«, fragte ich.

»Ich habe die Prüfung bereits vor drei Jahren bestanden. Pro forma sollte ein Gespräch mit mir ausreichen.«

»Die Prüfung umfasst drei bis fünf Gespräche. Darauf sollten Sie sich einstellen.«

»Das verstehe ich nicht«, erwiderte er.

»Ich habe von der Leitung den Auftrag bekommen, zu überprüfen, wie hoch die Flucht- und Missbrauchsgefahr ist, wenn Sie nur noch mit einem Beamten rausgehen sollten. Die Prüfung entspricht einem gewissen Standard, den ich auch auf Ihren Fall anwenden werde. Bisher hat die Überprüfung im Durchschnitt vier Gespräche in Anspruch genommen.«

Nickel blieb beharrlich »Ich hatte den Status aber schon. Wieso jetzt erneut die ausführliche Prüfung?«

»Den Status hatten Sie vor drei Jahren in der Sicherungsverwahrung eines anderen Bundeslands. Aufgrund Ihres Fehlverhaltens wurden Ihnen die Ausgänge mit nur einem Bediensteten jedoch wieder entzogen. Der Sachstand hat sich seit den letzten drei Jahren geändert und es muss nun erneut überprüft werden, ob Sie weiter gelockert werden können.«

»Meine Sozialarbeiterin hat mir aber auch gesagt, dass ein Termin für die Prüfung bei Ihnen ausreicht.«

»Ihre Sozialarbeiterin weiß, wie lange diese Prüfung dauert und dass das auch für Sie gilt.«

»Ich will es doch nur verstehen«, insistierte er.

Ich war verärgert über Nickels Beharrlichkeit. Warum bestand er darauf, nur ein Gespräch mit mir führen zu müssen? Er hatte in der Verwahrung alle Zeit der Welt. Da kam es auf ein paar Wochen nicht an. Vor dem Hintergrund, dass er sogar während der Verwahrung erneut Straftaten begangen hatte, sollte er sich besonders zurückhalten, fand ich. Stattdessen blieb er penetrant hartnäckig. Ich sagte verärgert: »Wenn ich bei dieser Prüfung zu dem Schluss kommen sollte, dass Sie nur mit einem Bediensteten rausgehen dürfen, und dann treffen Sie draußen Ihre Partnerin, die Ihnen heimlich einen USB-Stick mit kinderpornografischen Materialien zusteckt, muss ich juristisch für meine Fehlentscheidung geradestehen. Deswegen führe ich meine Prüfung auch in Ihrem Fall gründlich durch. Das bedeutet, dass Sie mehrere Gespräche bei mir wahrnehmen müssen.«

Nickel nickte schweigend. Dann erzählte er mir, wie viel Stress er in letzter Zeit gehabt habe. Er habe nur unangenehme Anwaltstermine wahrnehmen müssen und keine Zeit mit seiner Frau verbringen können. Mit feuchten Augen sagte er, wie sehr er sich wünsche, einen unbeschwerten Tag mit seiner Frau genießen zu können. Er wolle mit ihr eine Schifffahrt machen, schön essen gehen und sich vor allem in Ruhe mit ihr unterhalten. Als er mir das erzählte, musste ich daran denken, dass ebendiese Frau, mit der er einen unbeschwerten Tag verbringen wollte, mit ihm gemeinsam kleine Mädchen missbraucht hatte. Daher konnte ich kein Mitgefühl für Nickel und seine Ehefrau aufbringen, die übrigens inzwischen ihre Haftstrafe abgesessen hatte. Um Nickel dennoch Interesse zu signalisieren, fragte ich ihn, was ihn denn in letzter Zeit so gestresst habe.

Vor einem Monat sei sein Sohn Ferdinand bei einem Unfall gestorben, erzählte er mir. Er sei vom Dach seines Hauses gestürzt und an seinen Verletzungen gestorben.

Nickel saß nun tränenüberströmt in meinem Büro. Bisher hatte noch keiner meiner Klienten so stark geweint, dass er ein Taschentuch brauchte. Anders als in berühmten Fernsehserien wie *In Treatment*, in denen Therapeuten immer eine große Box Taschentücher neben dem Klienten platzieren, hatte ich keine zur Hand, da in der Einrichtung selten Tränen flossen. Also musste ich den weinenden Nickel vor die Tür schicken, mein Büro von außen abschließen und Papierhandtücher aus der nahe gelegenen Toilette des Gemeinschaftsbereichs holen. Ich beeilte mich, weil ich davon ausging, dass es Nickel sicherlich peinlich wäre, von anderen Untergebrachten schluchzend auf dem Flur gesehen zu werden. Auch wenn ich Nickel nicht sympathisch fand, wollte ich ihn nicht unnötig unangenehmen Situationen aussetzen. Doch eigentlich wusste ich ja schon, dass Psychopathen keine Scham empfinden und es ihnen egal ist, was andere Menschen von ihnen denken. Fast jede Interaktion mit ihren Mitmenschen ist nur ein Spiel für sie.

Nickel erschien mir auch keineswegs beschämt, als er wieder in meinem Büro Platz nahm. Er wischte sich die Tränen ab und atmete erleichtert auf: »Das tat gut.« Dann lächelte er und sah so aus, als hätte es den akuten Anfall von Traurigkeit nie gegeben.

»Was tat gut?«, fragte ich.

»Mal meinen Tränen freien Lauf zu lassen. Ich habe bisher nur meiner Psychologin davon erzählt und es tut gut, darüber zu sprechen.«

Diese »Beruhigung auf Knopfdruck« kam mir unaufrichtig vor und sprach dafür, dass Nickel keine echte Traurigkeit empfand, sondern diese nur vorspielte (*Geringe Empfindungsfähigkeit,* 2 Punkte). Ich fragte ihn, was denn genau bei dem Unfall seines Sohnes geschehen sei. Der Mitbewohner seines Sohnes habe ihm das nicht so genau erzählt und er gehe nicht ans Telefon, wenn er in der Wohngemeinschaft anrufe. Für ihn sei es ebenfalls wichtig, zu verstehen, was passiert war, aber er habe kaum Informationen zu dem Vorfall bekommen. Er habe so schöne Erinnerungen an seinen Sohn Ferdi, als er noch klein gewesen war. Nickel sei mit ihm oft auf der Kirmes Autoscooter gefahren und habe Plüschtiere für ihn geschossen.

Jetzt begannen Nickels Tränen wieder zu fließen. Ich sagte, dass mir sein Verlust leidtue, was ich auch so empfand, obwohl mir die Geschichte in Kombination mit den wechselhaften, oberflächlich wirkenden Gefühlsäußerungen komisch vorkam.

Nickel entgegnete noch immer schluchzend, aber besonders konzentriert: »Und wissen Sie, was das Schlimmste daran ist?«

»Nein.«

»Ich hätte meinen Sohn noch einmal treffen können. Aber die Beamten, die mich bei der Ausführung begleitet haben, haben das verhindert. Und jetzt ist Ferdi tot«, sagte er unter Tränen, aber mit sehr intensivem Blickkontakt, sozusagen gleichzeitig weinend und starrend.

»Wie meinen Sie das?«, fragte ich.

Schluchzend, aber gleichzeitig scheinbar mit einem besonderen Drang, sich mitzuteilen, erklärte er mir: »Im Dezember habe ich eine Ausführung zum Weihnachtsmarkt am Waldsee beantragt. Dort wollte ich mich mit meinem Sohn treffen. Ferdi kam extra 400 Kilometer weit angereist. Aber als ich mit den Beamten losgehen wollte, sagten diese, dass wir zum Weihnachtsmarkt im Schlosspark gehen und nicht zu dem am Waldsee.«

»Warum haben die Beamten das so entschieden?«, fragte ich irritiert.

»Das weiß ich nicht. Sie haben einfach bestimmt, dass wir zu diesem Weihnachtsmarkt gehen.«

»Haben Sie nicht versucht, Ihren Sohn zu kontaktieren, um ihm einen neuen Treffpunkt mitzuteilen?«

»Das ging nicht, weil wir schon losgegangen waren und ich ja kein Handy haben darf. Ich hätte nur über das Festnetztelefon aus der Sicherungsverwahrung bei ihm anrufen können. Sie können meine Frau fragen, die kann bestätigen, dass die Bediensteten plötzlich entschieden haben, einen anderen Weihnachtsmarkt zu besuchen. Sie hat mich bei der Ausführung begleitet.«

»Dann hätte doch Ihre Frau mit ihrem Handy anrufen können.«

»Die hatte ihr Handy nicht bei sich.«

»Das finde ich ungewöhnlich. Haben Sie den Beamten nicht erklärt, dass es Ihnen wichtig ist, Ihren Sohn zu treffen beziehungsweise ihn darüber zu informieren, dass Sie sich anderswo treffen werden?«

»Ja, aber das hat die Beamten nicht interessiert und jetzt ist Ferdi tot. Ich habe ihn nicht noch mal sehen können, bevor er gestorben ist. Daran sind die Beamten schuld.«

»Mir kommt diese Geschichte seltsam vor. Warum sollten die Bediensteten, die Sie an dem Tag bei der Ausführung begleitet haben, Sie daran hindern wollen, Ihren Sohn zu treffen?«

»Ich weiß es nicht. Sie können sich ja meinen Ausführungsantrag ansehen. Da steht drauf, dass ich an diesem Tag zum Weihnachtsmarkt am Waldsee wollte, und meinen Sohn hatte ich als Besuch mit eingetragen.«

»Ich werde das auf jeden Fall überprüfen«, entgegnete ich und fasste gedanklich bereits einen Plan, wie ich mit der Detektivarbeit beginnen würde.

Ich konnte mir einfach nicht vorstellen, dass die beiden Bediensteten so kaltherzig gewesen sein sollten, dass sie einem Untergebrachten verwehrten, seinen Sohn zu treffen. Ich hatte den Verdacht, dass Nickel mich angelogen haben könnte, eine typische Eigenschaft von Psychopathen. Allerdings wäre die Lüge, einen toten Sohn zu erfinden, schon sehr dreist und völlig unangemessen gewesen.

In der Nacht nach dem Gespräch mit Nickel hatte ich einen Albtraum. Ich träumte, dass ich einen mir zunächst nicht bekannten Verwahrten allein bei einem Ausgang begleitete. An einer Bushaltestelle lief er mir plötzlich davon. Ich sah in meiner Handtasche nach, ob der Flüchtige mir vorher auch noch etwas geklaut hatte. Tatsächlich war mein Portemonnaie mit meinem Personalausweis verschwunden. Ich bekam Angst, weil der geflohene Verwahrte jetzt wusste, wo ich wohne. In meinem Traum war er bis dahin noch gesichtslos gewesen. Ich wunderte mich, warum der Mann nicht auch noch mein Handy mitgenommen hatte. Als ich in meiner Fotogalerie die letzten Fotos durchsah, wurde mir klar, warum er das Smartphone dagelassen hatte: Er wollte mich bedrohen und mir einen Vorgeschmack darauf bieten, was er mir antun würde. Auf den Fotos waren Frauen mit verstümmelten Gliedmaßen zu sehen. Der Verwahrte hatte mit Kerzenwachs diese entsetzlich zugerichteten Frauenkörper geformt und mit meinem Handy abfotografiert. Die Fotos wollten kein Ende nehmen. Ich verspürte die schreckliche Gewissheit, dass ich von diesem Mann vernichtet werden würde. Die Bedrohung war existenziell.

In der nächsten Traumszene befand ich mich in einer riesigen Wartehalle. An den Seiten des Raumes waren Sitzbänke angebracht. Viele Menschen hatten dort Platz genommen und in der Halle war ein ziemlicher Tumult. Zwischen anderen Menschen saß der geflohene Verwahrte auf der Bank und lächelte mich wissend an. Im Traum hatte er jetzt ein Gesicht bekommen: Es war Nickel. Ich wusste, dass ich ihn töten musste, sonst würde er mich verstümmeln und umbringen. Mit meiner rechten Hand umklammerte ich ein großes, langes Küchenmesser, das ich in meiner anscheinend sehr tiefen Jackentasche versteckte. Ich wusste genau, dass der Stich sitzen und ihn sofort töten musste, denn wenn Nickel überleben würde, würde er mich zerstören. Sollte ich ihm das Messer ins Herz oder in den Hals rammen?

Ich ging langsam auf ihn zu und überlegte, welchen Körperteil ich treffen musste. Das Herz war durch die Rippen geschützt und meine Kraft würde vielleicht nicht ausreichen, um sie zu durchstoßen. Nickel grinste mich immer noch herausfordernd von der Bank aus an. Ich entschied mich für den weicheren Hals und holte, nun vor ihm stehend, mit dem Messer aus, um in seine linke Halsseite zu treffen. Dann wachte ich auf.

An dem Traum erschreckte mich am meisten, mit welcher Entschlossenheit ich zum Töten bereit gewesen war. Ich hatte nicht den geringsten Zweifel, sondern wollte sogar sichergehen, dass ich Nickels Leben mit einem einzigen gezielten tiefen Stich beendete. Das Gefühl der absoluten Überzeugung, dass mich dieser Mensch gänzlich zerstören würde, wenn ich ihn nicht vorher auslöschte, war unglaublich intensiv. In der Realität kannte ich ein solches Gefühl nicht. Ich hatte bisher nur selten von Sicherungsverwahrten geträumt und meistens waren diese Träume nicht so grauenerregend gewesen wie dieser.

Ich erzählte einem Kollegen, der Psychoanalytiker war, von meinem Albtraum. Er war überrascht und fragte mich, was denn in dem Gespräch mit Nickel passiert sei, dass mein Unbewusstes so stark reagierte. Ich berichtete ihm von Nickels Geschichte über den toten Sohn und seine Tränen in meinem Büro. Der Kollege sagte enttäuscht: »Ach so, dann war das ja nur eine Trauerreaktion.«

Nickels behandelnde Therapeutin erzählte mir, dass sie ihm die Geschichte vom toten Sohn nicht abnahm. Sie habe den vollen Namen des Sohnes herausbekommen. Gemeinsam suchten wir online nach Informationen über ihn. Es gab keine Traueranzeige und keine Nachrichten über einen Unfall in seinem

Wohnort, bei dem jemand vom Dach gestürzt sei. Wir fanden die Website des Sohnes, mit einem Foto von ihm und seiner Telefonnummer. Aber es wäre unangemessen und aus berufsethischen Gründen nicht möglich gewesen, unter einem Vorwand dort anzurufen, um herauszufinden, ob er noch lebte.

Dann stieß ich auf Ferdinands Instagram-Profil, das öffentlich einsehbar war. Er hatte viele Fotos von sich gepostet, die jüngsten waren nicht älter als eine Woche. Auf einem war er sogar auf dem Festplatz am Waldsee zu sehen. Ferdinand war nicht nur höchst lebendig, sondern auch noch in der Stadt unterwegs, in der sein Vater hinter Gefängnismauern saß. Er hätte seinen Vater jederzeit besuchen können.

Dann gab es ja noch den Teil der Geschichte, in dem die kaltherzigen Beamten angeblich verhindert hätten, dass Nickel seinen Sohn traf. Diese Sache wollte ich aufklären, bevor ich Nickel mit der Tatsache konfrontierte, dass sein Sohn am Leben war. Ich sprach getrennt voneinander mit den beiden Beamten, die Nickel an dem Tag begleitet hatten. Zunächst fragte ich sie allgemein nach der Ausführung zum Weihnachtsmarkt. Sie erzählten mir von einer normal verlaufenden Ausführung in den Schlosspark mit Nickel und seiner Frau. Keiner der beiden erwähnte Nickels Sohn. Als ich sie danach fragte, gaben sie an, dass Nickel seinen Sohn weder getroffen noch in irgendeiner Form erwähnt hätte. Auch in den Gesprächen mit seiner Frau sei es nicht um den Sohn gegangen, soweit sie gehört hätten.

Dann konfrontierte ich sie mit Nickels Anschuldigungen. Sie reagierten entspannt und mit einem Schulterzucken: Wenn Nickel seinen Sohn hätte treffen wollen, wäre das kein

Problem gewesen. Sie hätten ihn mit ihrem Diensttelefon anrufen und einen neuen Treffpunkt ausmachen können. Nickel habe seinen Sohn oder ein geplantes Treffen mit ihm jedoch mit keiner Silbe erwähnt. Die Frage, ob Nickels Frau ein Handy dabeigehabt habe, bejahten beide Bedienstete. In einem Café hätten die Ehepartner an einem Tisch zusammengesessen, auf besagtes Handy geschaut und gekichert. Die Beamten vermuteten, dass sie sich Fotos angesehen hätten.

Ich ging davon aus, dass die Bediensteten die Wahrheit sagten, und hielt die folgende Hypothese für wahrscheinlich: Nickel hatte sich die Geschichte vom Tod seines Sohnes ausgedacht, um bei mir Mitleid zu erzeugen und mich damit zu einer positiven Entscheidung hinsichtlich seiner Lockerung zu bewegen. Um die Tragik noch zu verstärken, hatte er die Legende von den bösen Beamten hinzugedichtet.

Aber war Nickel nicht klar gewesen, dass ich die Beamten danach fragen und auch überprüfen würde, ob sein Sohn tatsächlich tot war? Vielleicht war Nickel mit seinen Lügen bisher immer erfolgreich gewesen, sodass er sich zu sicher fühlte. Sicherungsverwahrte sind oft nicht auf dem neusten Stand der Digitalisierung und Technik. Nickel kannte sich, abgesehen von kinderpornografischen Seiten, kaum mit sozialen Medien aus und hatte wahrscheinlich noch nichts von Instagram gehört. Er war es gewohnt, dass man seinen Worten und Tränen glaubte, ohne andere Mittel der Überprüfung hinzuzuziehen.

Nickels Psychologin und ich zeigten ihm die Fotos seines angeblich toten Sohnes auf Instagram. Nickel bestätigte sofort, dass der junge Mann auf den Bildern sein Sohn Ferdinand sei.

Wir zeigten ihm das Datum der Fotos und die Bildunterschriften, die belegten, dass sein Sohn sehr lebendig war. Nickel verstummte. Seine Mimik sah versteinert aus und er sagte nur, dass der Mitbewohner seines Sohnes ihn anscheinend angelogen habe. Er konnte allerdings keinen Grund für so eine krasse Lüge benennen.

Wir boten Nickel an, ein Gespräch mit seinem Sohn zu moderieren und ihn zu unterstützen. Dies lehnte er ab und wiederholte mehrfach, dass er das allein klären wolle. Nun konfrontierte ich ihn mit der Aussage der Beamten zu dem Besuch des Weihnachtsmarkts. Nickel beharrte darauf, dass sich die Ereignisse so zugetragen hätten, wie er sie beschrieben hatte, und zog sich dann schnell in sein Zimmer zurück, unter dem Vorwand, dass er das jetzt alles erst mal verarbeiten und mit seiner Frau besprechen müsse.

Ich beschied die Lockerungsprüfung negativ.

Rückblickend erstaunte mich neben der Dreistigkeit der Lüge vor allem die Tatsache, dass mir mein Unbewusstes in Form eines existenziell bedrohlichen Traums mitgeteilt hatte, dass Nickel unehrlich und manipulativ war. Wie andere Menschen auch, hatte ich in meinem Leben schon viele aufwühlende, verstörende und verwirrende Träume gehabt – teilweise auch mit tödlichem Ausgang. Nie jedoch hatte ich in aller Klarheit das Verlangen gespürt, jemanden umzubringen. Nickel war der erste Verwahrte, den ich in meinen Träumen töten wollte.

Der Fall Nickel zeigt, mit welcher Leichtigkeit Psychopathen lügen. Wenn wir uns eine Lügengeschichte ausdenken würden, würden wir darauf achten, dass diese wasserdicht ist.

Bei der Enttarnung der Lüge würden wir uns schämen. Psychopathen kennen jedoch keine Scham und ihre Lügengeschichten sind nicht besonders tief durchdacht, sondern entstehen eher aus dem Moment heraus, sodass sie verhältnismäßig leicht zu enttarnen sind.

Wenn wir noch mal zu der Psychopathie-Checkliste zurückkommen, erfüllt Nickel die folgenden Merkmale voll (2 Punkte) und teilweise (1 Punkt).

Viele kurze (ehe)ähnliche Beziehungen	2 Punkte
Promiskes Sexualverhalten	2 Punkte
Parasitärer Lebensstil	2 Punkte
Bewährungsversagen	2 Punkte
Kriminelle Vielseitigkeit	1 Punkt
Fehlende Verantwortungsübernahme für eigenes Handeln	2 Punkte
Mangel an realistischen langfristigen Zielen	2 Punkte
Verantwortungslosigkeit	1 Punkt
Betrügerisch/manipulativ	2 Punkte
Pathologisches Lügen	2 Punkte
Geringe Empfindungsfähigkeit	2 Punkte
Übersteigertes Selbstwertgefühl (Nickel tritt sehr dominant/fordernd auf.)	2 Punkte
Mangel an Reue- und Schuldgefühlen	2 Punkte
Herzlosigkeit/Mangel an Empathie (vor allem, was seine Opfer betrifft)	2 Punkte
Gesamtpunktzahl PCL-R:	**26 Punkte**

Mit dem Summenwert von 26 war Nickel tatsächlich ein Psychopath. Er hatte einen niedrigeren Wert als Titan, wirkte aber wesentlich unsympathischer und unheimlicher als dieser.

Ich fragte mich, wie es sich wohl anfühlt, Psychopath zu sein. Am liebsten hätte ich Titan und Nickel direkt diese Frage gestellt. Beide hätten wahrscheinlich unabhängig voneinander geantwortet: »Ich bin kein Psychopath. Wie kommen Sie darauf?«

Eine Person, die Psychopath und gleichzeitig Wissenschaftler ist, könnte die Frage wahrscheinlich am besten beantworten. Der Neurowissenschaftler James Fallon erforschte die Auffälligkeiten von menschlichen Gehirnen bei Psychopathie, aber auch bei anderen Erkrankungen wie Alzheimer. Für eine Alzheimer-Studie verwendete er unter anderem auch seinen eigenen Hirnscan (PET-CT) sowie die seiner Familie als Kontrollgruppe (also als Gruppe der Personen, die nicht an Alzheimer leidet) und speicherte die Daten in anonymisierter Form. Als er die Ergebnisse der Untersuchung auswertete, fiel ihm ein Hirnscan auf, bei dem er sich sicher war, dass es sich um das Gehirn eines Psychopathen handelte. Er versuchte, herauszufinden, um welche Person es sich bei der anonymisierten Nummer handelte – und entdeckte, dass es sein eigenes Gehirn war, in dem er die vereinzelten dunklen Flecken mit verringerter Hirnaktivität aufgespürt hatte.

James Fallon war nicht übermäßig beunruhigt von diesem Ergebnis, da er kein dissozialer Straftäter, sondern erfolgreicher Wissenschaftler mit einem stabilen Familienleben war. Erst, als er seine Familie dazu befragte, wie sie ihn wahrnahmen, stellte er fest, dass er als unempathisch, schnell gelangweilt, vergnügungssüchtig, völlig angstfrei, ichbezogen und manipulativ eingeschätzt wurde. Seine erwachsene Tochter und seine Schwester hatten ihm bereits Jahre vor dem Ergebnis des Hirnscans unabhängig voneinander einen Brief geschrieben, in dem sie ihre Enttäuschung über sein wiederholt rücksichtsloses und oberflächliches Verhalten äußerten. Sie schrieben, sie hätten sehr viel Vertrauen, Emotionen und Unterstützung in die Beziehung zu ihm investiert und er hätte nichts davon zurückgegeben, sondern sei immer distanziert und nicht vertrauenswürdig gewesen.

Wie reagierte Fallon, ein Mann mit einem überdurchschnittlichen Psychopathie-Wert, auf die Vorhaltungen seines engsten Familienkreises? Er fühlte sich von den Anschuldigungen belästigt und kam zu dem Schluss, dass irgendetwas im Leben seiner Schwester und seiner Tochter schiefgelaufen sein musste, weswegen sie unglücklich seien und ihren Unmut nun auf ihn abwälzten. Diese Reaktion zeigt eindrücklich, dass Psychopathen nicht in der Lage sind, zu verstehen, dass sie mit ihrem rücksichtslosen Verhalten bei anderen Menschen Schmerz und Enttäuschung auslösen. Ihnen fehlt die emotionale Bindung zu anderen und ein Gewissen – zwei Dinge, die man einem Psychopathen genauso schlecht erklären kann wie einem blinden Menschen die Farbe Blau. Stattdessen flüchten sie sich in Rationalisierungen und Schuldverschiebungen. Sie übernehmen keine Verantwortung für ihr Handeln und wenn sie mit ihren Missetaten konfrontiert werden, behaupten sie zum Beispiel kühn: »Das habe ich nie getan.« Sie reflektieren sich nicht selbst, fühlen sich anderen Menschen überlegen und erleben das Fehlen eines Gewissens keinesfalls als Mangel. Psychopathen haben keine Idee davon, was sie daran vermissen sollten, und betrachten das rücksichtsvolle Verhalten anderer Menschen als seltsame Schwäche, die sie für sich ausnutzen können.

Manche Wissenschaftler sind der Meinung, dass es sich schrecklich anfühlen müsse, ein Psychopath zu sein, da man durchgängig Langeweile empfindet und sich daher oft in riskante Situationen bringt, um einen Kick zu spüren. Enge zwischenmenschliche Beziehungen, die für Nicht-Psychopathen Glück und Erfüllung bedeuten, sind für Psychopathen nicht erstrebenswert. Sie schöpfen daraus kaum positive Gefühle und können Empfindungen wie Vertrauen, Liebe und Freundschaft nicht nachfühlen. Dabei haben sie aber keinen Leidensdruck, denn sie wissen nicht, wie sich ein Leben mit Emotionen anfühlen würde.

Wie fühlt es sich an, ein Psychopath zu sein?

Menschen, die bei jeder Prüfung oder bei Bewerbungsgesprächen mit riesigen Schweißflecken unter den Achseln und zittriger Stimme versuchen, einen souveränen Eindruck zu hinterlassen, wünschen sich vermutlich ein paar Scheibchen der Emotionslosigkeit eines Psychopathen. Die Vorstellung, keine Angst mehr vor dem kritischen Urteil anderer über uns haben zu müssen, sorgenfrei in den Tag zu leben und nur unseren eigenen Interessen nachzugehen, ist ja durchaus verlockend.

Der britische Psychologe und Psychopathie-Experte Kevin Dutton hat in einem Selbstversuch ausprobiert, wie es sich anfühlt, ein Psychopath zu sein. Um einen Unterschied zwischen seinen normalen emotionalen Reaktionen und denen im Psychopathen-Modus feststellen zu können, wurden ihm zahlreiche Fotos von zerstückelten Leichenteilen, gefolterten Menschen und Hinrichtungsszenen gezeigt. Diese visuellen Eindrücke wurden abwechselnd begleitet von lauten Sirenen oder ohrenbetäubenden Störgeräuschen (weißes Rauschen). Währenddessen wurden Kevins Puls und elektrische Aktivität im Gehirn (EEG) gemessen. Als Reaktion auf die schockierenden Fotos und alarmierenden Geräusche schnellte sein Puls in die Höhe und seine Hirnwellen schlugen ebenfalls aus.

Doch er war nicht der einzige Teilnehmer in diesem Experiment. Andy McNab, ein ehemaliger britischer Soldat und ausgebildeter Spezialist im Bereich Terrorismusbekämpfung, Zielvernichtung und Sabotage, war gemeinsam mit Kevin Dutton den gleichen extremen Reizen ausgesetzt worden. Kevin hatte Andy zuvor getroffen und beschrieb ihn als einen Mann, der absolut abgebrüht und angstfrei wirkte. Diese Einschätzung wurde im Experiment bestätigt. Mit der einsetzenden Präsentation der Horrorfotos und Störgeräusche veränderten sich die Hirnströme, die elektrische Leitfähigkeit der Haut und der Puls des ehemaligen Soldaten durchaus. Doch die Messwerte schossen nicht etwa durch die Decke wie bei Kevin Dutton, sondern sanken auf ein sehr geringes, gleichförmiges Niveau. Der abgebrühte Andy McNab (mit wahrscheinlich hohen Psychopathie-Werten) schien sich während des Experiments sogar zu entspannen.

Am nächsten Tag sollte sich Kevins Gehirn in ein angstfreies Andy-Gehirn verwandeln. Mithilfe einer Technologie, die starke Magnetfelder in bestimmten Hirnbereichen erzeugt und diese dadurch stimuliert oder hemmt, sollte Kevin vorübergehend

»psychopathischer« werden. Die dafür verwendete Technologie nennt sich TMS (transkranielle Magnetstimulation) und wurde bereits Ende des 19. Jahrhunderts von dem französischen Arzt und Physiker Jacques Arsène d'Arsonval im Selbstversuch unter dem Einsatz von Starkstromspulen angewandt, was in seinem Fall zu starkem Schwindel und dem Verlust des Bewusstseins führte. Moderne TMS-Verfahren verwenden deutlich kleinere Spulen und stimulieren kleine Bereiche in der Großhirnrinde. Sie werden seit 1985 (erstmals an der Universität Sheffield durch Anthony Barker) vor allem zur Behandlung schwerer Depressionen, aber auch Epilepsie und Parkinson eingesetzt. Bei dem »Psychopathie-Experiment«, dem sich Kevin Dutton unterzog, wurden mithilfe der transkraniellen Magnetstimulation gezielt die Gehirnregionen gehemmt, die für moralische Urteile zuständig oder an der Entstehung von emotionalen Reaktionen wie Angst beteiligt sind (zum Beispiel in der Amygdala).

Kevin Dutton beschrieb die Wirkung dieser Einflussnahme auf sein Gehirn als »gesteigertes, aufpoliertes Bewusstsein«. Er fühlte sich befreit von Empfindungen wie Angst, Schuld, Reue, Scham und Mitleid. Als ihm klar wurde, dass er sich gerade fühlte wie ein Psychopath, hatte er folgende Erkenntnis: »Wir sprechen über Geschlecht. Wir sprechen über Klassen. Wir sprechen über Hautfarbe. Und über Intelligenz und über Glauben. Aber der fundamentale Unterschied zwischen Individuen ist ganz sicher das Vorhandensein oder die Abwesenheit eines Gewissens. Das Gewissen ist das, was wehtut, wenn sich alles andere gut anfühlt.«

Die Messwerte von Kevins Hirnströmen, Puls und Hautleitfähigkeit hatten in diesem Psychopathen-Modus keine extremen

Ausschläge mehr, als man ihm erneut schockierende Fotos zeigte und Signaltöne abspielte (in dem Experiment zeigte man Kevin neue Fotos, damit kein Gewöhnungseffekt eintrat). Im Vergleich zu dem abgebrühten Andy McNab konnte Kevin im Psychopathen-Modus diesen hinsichtlich des Faktors Hautleitfähigkeit sogar schlagen und war demzufolge »noch cooler« als er.

Direkt nach dem Experiment, das in etwa 30 Minuten dauerte, fühlte sich Kevin in der Stimmung dazu, die Hirnforscherin zu einem Drink einzuladen. Dies lag wahrscheinlich daran, dass die magnetische Wirkung auf die beeinflussten Gehirnbereiche zunächst weiter anhielt. Einige Minuten später jedoch kehrte sein Gewissen zurück. Er dachte an seine Ehefrau, fühlte sich wieder stärker mit ihr verbunden und ließ den Gedanken fallen, mit der attraktiven Hirnforscherin zu flirten.

Als ich von der Wirkung dieses Selbstversuchs las, war ich derart fasziniert, dass ich mir wünschte, es gäbe ein tragbares, aber unauffälliges TMS-Gerät, durch das ich mich in bestimmten Situationen für eine halbe Stunde in eine Psychopathin verwandeln könnte. In Vorstellungsgesprächen oder Gehaltsverhandlungen, bei Vorträgen vor großem Publikum oder bei Streitgesprächen mit Menschen, gegen die man sich durchsetzen möchte, wäre ein eingeschalteter Psychopathen-Modus in meiner Vorstellung genial und würde mein Leben verbessern. Natürlich würde ich als Einzige frei über diese Technologie verfügen wollen, da ich auf die Empathie und das Gewissen anderer Menschen angewiesen blieb und davon im Psychopathen-Modus besonders profitieren würde.

Bevor ich die Arbeit in der Sicherungsverwahrung begonnen hatte und noch keinem Psychopathen begegnet war, war ich davon ausgegangen, dass alle Psychopathen einander sehr ähneln und bei mir ähnliche Gefühle auslösen würden. Tatsächlich wirkten sie aber sehr unterschiedlich auf mich, wie man an dem einnehmenden Titan und dem eher unangenehmen Nickel erkennen konnte. Eines einte sie aber: Beide waren gleichermaßen gefährlich und wir müssen uns vor Menschen wie ihnen schützen. Wie stellen wir es am besten an, dass wir nicht auf Psychopathen hereinfallen? Gelingt es uns, psychopathische Eigenschaften bei unseren Mitmenschen aufzudecken?

DAS BÖSE ERKENNEN UND IHM ENTKOMMEN: STRATEGIEN IM UMGANG MIT PSYCHOPATHEN

Stellen wir uns folgende Situation vor: Sie sind auf einer Party mit vielen Gästen und Ihnen begegnen verschiedene mehr oder weniger interessante Menschen. Sie unterhalten sich mit dem einen oder der anderen für eine Weile, holen sich dann einen Drink, gehen auf die Tanzfläche und beginnen später mit einer weiteren Person ein Gespräch. Dieser Partygast hat eine Art an sich, die schwer zu beschreiben ist. Er strahlt eine besondere Ruhe und Souveränität aus. Die Aufmerksamkeit, die er Ihnen entgegenbringt, ist wohltuend. Da er intensiven Blickkontakt hält und interessierte Fragen stellt, fühlen Sie sich wirklich gesehen und gemeint. Sie erzählen ihm gern von sich und geben Dinge von sich preis, die Sie sonst keinem fremden Partygast erzählt hätten. Ihr Herzschlag beschleunigt sich, das Gespräch regt Sie auf eine sehr angenehme Weise an und beflügelt Sie sogar. Sie möchten diesen Menschen wiedersehen.

Diese Szene klingt nach einem angenehmen ersten Zusammentreffen zwischen zwei Menschen, nicht wahr? Es könnte sich eine gute Freundschaft oder sogar eine Liebesgeschichte daraus entwickeln, wenn der aufmerksame Partygast ebenso positive Gefühle für Sie hegt. Falls Ihr Gegenüber jedoch zu den 1 bis 2 Prozent der Bevölkerung mit hohen Psychopathie-Werten gehört und Sie dies nicht bemerken, wird die beschriebene Situation plötzlich unheimlich. In diesem Fall hätte der äußerlich angenehm erscheinende Partygast keinerlei authentisches Interesse an Ihnen. Routiniert und beinahe gelangweilt würde er Sie beobachten, Ihre Schwachstellen identifizieren und abschätzen, ob Sie einen Nutzen für ihn haben könnten. Wenn dies nicht der Fall wäre, würde er sich anderen Menschen zuwenden. Wenn er zu dem Schluss käme, dass Sie in irgendeiner Weise für ihn nützlich sein könnten, würde er sich weiterhin mit Ihnen beschäftigen. Es könnte sich dabei um finanzielle Vorteile, Status, Macht oder kurzzeitige sexuelle Befriedigung handeln. Vielleicht könnten Sie ihm auch als Werkzeug dienen, um jemanden eifersüchtig zu machen oder sich zu rächen. Ihre Empfindungen würden ihn dabei nicht interessieren, sodass Sie Gefahr liefen, psychisch oder sogar körperlich verletzt aus der Situation hervorzugehen.

Wie schaffen wir es also, Psychopathen frühzeitig zu erkennen, um ihnen möglichst nicht zum Opfer zu fallen? Die gute Nachricht ist, dass es durchaus möglich ist, Psychopathen schon beim ersten Kennenlernen zu identifizieren. In einer Studie von Catherine Fowler (2009) sahen sich 40 Studienteilnehmende kurze Videosequenzen (5, 10 oder 20 Sekunden lang) von Interviews an, die mit männlichen Insassen aus

Hochsicherheitsgefängnissen geführt wurden. Die Videoausschnitte wurden so ausgewählt, dass die Insassen nicht über die von ihnen begangenen Straftaten redeten, sich jedoch ohne Unterbrechung durch den Interviewer äußerten. Nachdem sie die kurze Videosequenz gesehen hatten, sollten die Studienteilnehmenden einschätzen, wie hoch der Psychopathie-Wert des jeweiligen Gefangenen war.

Tatsächlich gelang es den Studienteilnehmenden, die Insassen mit höheren Psychopathie-Werten als solche zu erkennen. Die Einschätzung war bei den besonders kurzen Videosequenzen von 5 Sekunden noch genauer und die Faktoren 1 (interpersonell) und 2 (affektiv) wurden von den Teilnehmenden besser vorhergesagt als die Faktoren 3 (Lebensstil) und 4 (antisozial). Die Studienergebnisse zeigen, dass besonders der erste Eindruck innerhalb von wenigen Sekunden ausschlaggebend ist, um psychopathische Eigenschaften zu erkennen.

Wir sind aber nicht nur in der Lage, psychopathische Eigenschaften bei anderen Menschen bewusst auszumachen, sondern reagieren sogar körperlich ganz automatisch auf sie. Der forensische Psychologe Reid Meloy hat 2003 in einer Studie zeigen können, dass 77 Prozent der Mitarbeitenden im Justizvollzug beziehungsweise in psychiatrischen Krankenhäusern eine gesteigerte körperliche Reaktion (Hautleitfähigkeit, Herzschlag, Muskelanspannungen) zeigten, wenn sie einen Psychopathen interviewten. Dieser Effekt war bei Frauen mit 84 Prozent noch stärker ausgeprägt als bei Männern.

Meloy schlussfolgerte daraus, dass potenzielle Opfer von Psychopathen im Laufe der Evolution eine automatische Angstreaktion ausgebildet und deswegen überlebt haben. Wir haben einen natürlichen Instinkt dafür, gefährliche Menschen zu erkennen, ohne dabei in permanenter Anspannung durchs Leben gehen zu müssen. Das Problem besteht allerdings darin, dass wir uns oftmals nicht auf unseren Instinkt verlassen, sondern aus Höflichkeit weiterhin im Gespräch mit einer potenziell gefährlichen Person bleiben, anstatt sofort zu gehen.

Der amerikanische Autor und Sicherheitsexperte Gavin de Becker hat in seinem Bestseller *The Gift of Fear* (deutscher Buchtitel: *Vertraue deiner Angst*) beschrieben, welche Strategien Kriminelle, darunter auch Psychopathen, nutzen, um ihre Opfer zu täuschen und dazu zu bringen, ihre natürlichen Instinkte, also ihren Überlebenstrieb, zu übergehen:

1. **»Forced Teaming« → Erzwungenes Team**: Mit dieser Strategie versucht man, beim Gegenüber schnell, quasi verfrüht, Vertrauen zu erzeugen, indem man den Eindruck vermittelt, sich in derselben Situation zu befinden oder eine gemeinsame Erfahrung mit seinem Gegenüber zu teilen. Es werden beispielsweise folgende Sätze oder Satzfragmente verwendet: »Wir beide ...«, »Wir sind ein Team«, »Jetzt haben wir es geschafft«, »Wie wollen wir die Situation lösen?« Titan hat womöglich diese Strategie angewandt, als er Halyna, deren Fahrzeug liegengeblieben war, dazu brachte, in sein Auto zu steigen: »Wir suchen deinen Bruder. Steig ein, wir holen ihn ein.«

2. **»Charme and Niceness« → Charme und Nettigkeit:** Mit Charme ist nicht die Persönlichkeitseigenschaft gemeint, sondern die Fähigkeit, sich besonders anziehend darzustellen, um beim Gegenüber jegliches Misstrauen auszuräumen. Oft geht man davon aus, dass ein Mensch, der einen nett und zuvorkommend behandelt, nichts Böses im Schilde führen kann. Diese Annahme kann einem zum Verhängnis werden, gerade weil es Psychopathen besonders gut gelingt, sich von ihrer charmanten Seite zu zeigen und uns damit zu manipulieren. Frauen neigen dazu, auf fremde Männer, von denen sie nett angesprochen werden, aufgeschlossen zu reagieren, um nicht als kalt oder zickig zu gelten. Deswegen reagieren sie nicht explizit ablehnend, auch wenn ihnen der Kontakt zu einem Fremden unangenehm ist, sondern versuchen, sich freundlich und mit vagen Äußerungen aus der Affäre zu ziehen. Dieses leicht unsichere Verhalten spornt manche potenziellen Täter dazu an, hartnäckig dranzubleiben und letztlich sogar einen Übergriff zu planen.

3. **»Too many details« → Zu viele Details:** Täter, die sich Lügengeschichten ausdenken, neigen oftmals dazu, zu viele Details hinzuzufügen, damit die Geschichte anschaulicher und vor allem plausibler klingt. Auch Nickel schmückte die Geschichte von seinem toten Sohn unnötig aus, indem er mir von den Beamten erzählte,

die ihn daran gehindert hätten, seinen Sohn ein letztes Mal zu sehen. Dadurch sollte seine Geschichte glaubhafter und tragischer klingen. Gerade wenn wir von Fremden angesprochen werden, die uns nicht einfach kurz nach der Uhrzeit fragen, sondern uns viele unnötige Informationen geben, sollten wir hellhörig werden. Dabei könnte es hilfreich sein, wenn wir uns den Kontext klar vor Augen führen: Wenn eine Frau nachts allein unterwegs ist und von einem fremden Mann auf der Straße angesprochen wird, der sich erst nach der Uhrzeit erkundigt, dann aber weiter neben ihr hergeht und ihr erklärt, dass er eigentlich nicht so spät unterwegs sei, aber dass seine Kumpels ihn in der Bar sitzen lassen hätten und er sein Handy verloren habe und so weiter, ist dies ein Warnzeichen. Egal, welche dramatischen Geschichten der Mann vielleicht erzählt oder welche interessierten Fragen er stellt – er bleibt ein Fremder, der eine Frau anspricht, die nachts allein auf der Straße unterwegs ist.

4. **»Typecasting« → Typisierung:** Bei dieser Strategie äußert ein Täter eine beleidigende Annahme gegenüber seinem potenziellen Opfer mit der Absicht, dass dieses versucht, durch gegensätzliches Verhalten diese Annahme zu widerlegen. Denkbar sind beispielsweise folgende Aussagen: »Du wirkst nicht wie eine Frau, die mit einem Typen wie mir redet.« »Du

gehörst sicher zu den Menschen, die mit angezogener Handbremse durchs Leben fahren.« »So vorsichtige und brave Frauen wie du haben keinen Spaß.«

5. **»Loan Sharking« → Kredithai:** Der Täter bietet dem potenziellen Opfer unaufgefordert seine Hilfe an, sodass dieses sich verpflichtet fühlt, im Gegenzug aufgeschlossen zu sein und dabei Informationen über sich preiszugeben, die der Täter später für seine Zwecke verwenden kann. Beispielsweise kann ein Fremder unaufgefordert einer Frau die Einkäufe zu ihrem Auto tragen, sie dabei in ein Gespräch verwickeln und somit herausfinden, ob sie öfter in der Gegend einkauft und ob sie allein lebt. Auch Titan wandte diese Strategie an, indem er hinter dem liegengebliebenen Auto Halynas hielt und ihr anbot, sie in die nächste Ortschaft zu fahren. Die Situation war so günstig für ihn, dass er sich nicht mal die Mühe machen musste, weitere Informationen aus Halyna herauszukitzeln. Die Frau saß bereits in seinem Auto und niemand außer seinem leicht beeinflussbaren Kumpel wusste davon. Er konnte die Situation sofort für sich nutzen und tat es auch.

6. **»The Unsolicited Promise« → Das unaufgeforderte Versprechen:** Normalerweise gibt man erst dann sein Ehrenwort beziehungsweise ein Versprechen, wenn

man von einer anderen Person darum gebeten wird. Wenn ein Versprechen unaufgefordert erfolgt, versucht ein Täter, sein potenzielles Opfer von seinen angeblich guten Absichten zu überzeugen, weil er dessen Misstrauen wahrgenommen hat. Das unaufgeforderte Versprechen »Danach lasse ich dich gehen, versprochen!« bedeutet eigentlich, dass der Täter eben nicht beabsichtigt, sein Opfer gehen zu lassen.

7. **»Discounting the Word ›no‹« → Abtun des Wortes »Nein«:** Wenn ein Fremder ein »Nein« nicht akzeptiert und seine Handlung fortsetzt, ist dies ein deutliches Warnzeichen. Er versucht, die Kontrolle über uns zu gewinnen, indem er unseren Widerspruch ignoriert. Psychopathische Täter haben einen raubtierhaften Instinkt, mit dessen Hilfe sie »leichte Beute« beziehungsweise »einfache Opfer« identifizieren können. Sie führen mit potenziellen Opfern eine Art unbemerktes Interview, um herauszufinden, wie unsicher und verletzlich ihr Gegenüber ist. Personen, die versuchen, mit dem Täter zu verhandeln, nachdem dieser ihnen seine Hilfe angeboten hat, stellen ein leichteres Opfer dar als Menschen, die entschieden mit »Nein« antworten und zum Beispiel eine abwehrende »Stopp«-Geste zeigen.

Die beschriebenen sieben Strategien nutzen Täter, um den Instinkt ihrer Opfer zu täuschen. Dabei werden nicht immer alle Techniken angewandt, sondern manchmal nur eine oder zwei. Ich möchte die Liste der Täuschungsstrategien anhand der folgenden Geschichte jedoch noch erweitern.

Der »arme« Mann ohne Arme

Während meines Psychologiestudiums lebte ich mit zwei Mitbewohnerinnen in einer Wohnheim-WG in einer mittelgroßen Stadt. An einem bewölkten Nachmittag saß eine meiner Mitbewohnerinnen am Küchentisch und starrte vor sich hin. Als ich sie fragte, was los sei, erzählte sie mir eine seltsame Geschichte, die einer Kommilitonin vor ein paar Monaten passiert war und die sie ihr erst jetzt anvertraut hatte.

Ihre Kommilitonin »Rosa« lebte in einer Einzimmerwohnung in der Nähe der Universität. Sie hatte gerade mit Einkäufen beladen das kleine Apartment betreten, als es an der Tür klingelte. Vor ihr stand ein Mann, dem beide Arme fehlten. Er entschuldigte sich und erklärte ihr, dass er ganz dringend ihre Toilette benutzen müsse. Rosa war das unangenehm und sie erklärte dem Mann den Weg zum nächsten öffentlichen WC. Der Fremde ließ sich jedoch nicht abwimmeln und beharrte darauf, dass er jetzt bei ihr auf die Toilette müsse und es auch ganz schnell gehen würde. Rosa wollte kein unfreundlicher Mensch sein, der einem Behinderten versagte, seine Notdurft zu verrichten, also zeigte sie ihm den Weg zum Bad. Der Mann forderte Rosa auf, ihm behilflich zu sein, da er ohne Assistenz seine Hose nicht öffnen könne. Diese Erklärung erschien Rosa logisch schlüssig, denn wie sollte ein Mann ohne Arme und Hände das auch hinkriegen? Also entschied sie sich, obwohl es ihr äußerst unangenehm war, die Hose des Mannes zu öffnen, der ihr nun erklärte, dass sie seinen Penis auch halten müsse, damit er endlich pinkeln könne.

In Rosas kleinem Bad war es heiß und sehr beengt. Der Schweiß ran dem Mann die Stirn herab und Rosa war gleichzeitig angewidert und verzweifelt. Doch sie überwand ihren Ekel und befreite den Penis des Fremden aus der Unterhose. Dabei nahm sie eine merkwürdige Bewegung unter dem Hemd des Mannes wahr. Ihr wurde plötzlich klar, dass der Mann durchaus Arme hatte und diese auch bewegen konnte. Er hatte sie irgendwie unter seinem Hemd versteckt gehalten. Inzwischen hatte der Fremde eine Erektion bekommen. Keuchend bat er Rosa, ihn mit der Hand zu befriedigen.

Rosa tat es. Sie wollte einfach nur, dass diese absurde und schreckliche Situation schnell vorbeiging, sie nicht verletzt oder vergewaltigt wurde und der Fremde wieder verschwand.

Nachdem der Mann endlich das Haus verlassen hatte, rief Rosa ihre Mutter an und erzählte ihr von dem Vorfall. Gemeinsam gingen sie zur Polizei. Es stellte sich heraus, dass es bereits mehrere Anzeigen gegen einen Unbekannten gab, der denselben Trick bei anderen jungen Frauen angewandt hatte. Mithilfe der ZDF-Sendung *Aktenzeichen XY … ungelöst* konnten Hinweise an die Bevölkerung ausgegeben werden, die letztlich zur Festnahme des Täters führten.

Es stellte sich heraus, dass der Mann gezielt in verschiedene Universitätsstädte weit weg von seinem Wohnort gefahren war, um dort bei alleinlebenden Studentinnen zu klingeln und mit der »Mitleidsmasche« Zutritt zu ihren Wohnungen und sexuelle Befriedigung zu bekommen. Er hatte diesen Trick rund tausendmal versucht anzuwenden. Ungefähr 400 Frauen hatten ihn in ihre Wohnung gelassen und einige von ihnen hatte er dazu überreden können, sexuelle Handlungen an ihm vorzunehmen. Fünf Frauen hatte er jedoch auch vergewaltigt und es bei vier Frauen versucht. Dabei hatte er nicht den »Mann ohne Arme«-Trick angewendet, sondern stieg nachts, maskiert mit einem Nylonstrumpf, in Erdgeschosswohnungen ein. Der Täter gab an, dass ihm die »Mitleidsmasche« den größten Kick gegeben habe, weil es ihm damit gelungen sei, »intelligente Frauen« zu sexuellen Handlungen zu überreden.

Die Geschichte des »Mannes ohne Arme« faszinierte mich. Ich fand es besonders hinterhältig und einfallsreich, sich als behinderte Person auszugeben, um die Hilfsbereitschaft anderer Menschen auszunutzen. Gleichzeitig fragte ich mich, wie es Rosa hätte gelingen können, diesem Mann nicht zum Opfer zu fallen. Je eher wir eine Situation als potenziell gefährlich erkennen, desto leichter können wir eingreifen und die Geschehnisse in eine andere Richtung lenken.

Rosa fand den Mann, der an ihrer Haustür klingelte, sicherlich seltsam. Die Tatsache, dass er plötzlich vor ihrer Tür stand, nur wenige Minuten, nachdem sie nach Hause gekommen war, spricht dafür, dass er sie beobachtet haben und ihr gefolgt sein musste. Die Beharrlichkeit, mit der er insistierte, unbedingt ihre Toilette zu benutzen, zeigt, dass er Gegenvorschläge und damit ein »Nein« zwischen den Zeilen nicht akzeptierte (Punkt 7).

Rosa hätte auf ihr schlechtes Gefühl hören und dem Mann erst gar nicht den Eintritt in ihre Wohnung gewähren sollen. Hätte sie diese Entscheidung durchgesetzt, hätte sie sich sicherlich schlecht gefühlt, weil sie erstens einen hilfesuchenden behinderten Menschen abgewiesen und zweitens wahrscheinlich nicht erfahren hätte, dass der Mann gar nicht behindert war und ihr außerdem Übles antun wollte. Es kann umgekehrt gut sein, dass wir in der Vergangenheit durch entschlossenes Handeln schon einigen kritischen Situationen entkommen und so nicht zum Opfer eines Verbrechens geworden sind, ohne dies bewusst bemerkt zu haben.

Sich gegen den Mann ohne Arme durchzusetzen, nachdem er ihre Wohnung betreten hatte, wäre für Rosa noch schwieriger gewesen, auch wenn die Forderungen des Mannes immer dreister und absurder wurden. Laut dem Psychologen Cialdini gibt es sieben Prinzipien des Überzeugens und Verkaufens. Das dritte Prinzip ist, dass Menschen nach Konsistenz streben. Wenn sie einmal eine Entscheidung getroffen haben, stimmen sie tendenziell auch den Entscheidungen zu, die daraus folgen. In Rosas Fall bedeutet dies: »Wenn ich dem behinderten Mann erlaube, meine Toilette zu benutzen, helfe ich ihm auch dabei.« Ab dem Punkt, als Rosa begriff, dass der Mann die Rolle des Behinderten nur gespielt hatte, kam der Faktor Angst hinzu, denn sie befürchtete, von dem Mann angegriffen und mit Gewalt zu Schlimmerem gezwungen zu werden. Sie folgerte wahrscheinlich, dass ein Mann, der andere derart skrupellos täuschte, zu allem fähig sein müsse.

Psychopathen, die selbst keine Empathie empfinden, haben gelernt, wie sie das Mitgefühl ihrer Mitmenschen ausnutzen können, um damit ihre Ziele zu erreichen. Sie haben keinerlei Skrupel, sich als verletzte oder behinderte Personen auszugeben oder sich zum Beispiel einen süßen Hundewelpen zu besorgen und diesen zu verletzen, um Hilflosigkeit vorzutäuschen und damit gezielt potenzielle Opfer für sich zu gewinnen und für ihre Zwecke zu missbrauchen.

Der US-amerikanische Serienmörder und -vergewaltiger Ted Bundy war ein Meister darin, die Schwächen seiner Mitmenschen zu erkennen. Er studierte Psychologie und arbeitete währenddessen halbtags bei einer Suizid-Hotline. Schon während des Studiums wendete er vielfältige Techniken an, um das Vertrauen fremder Frauen zu gewinnen. Manche konnte er mit seiner Intelligenz, seiner Redegewandtheit und seinem Charme beeindrucken. Andere schüchterte er ein, indem er sich als Polizist ausgab. Mitunter wandte Ted Bundy auch die »Mitleidsmasche« an: Er trug dann eine Armschlinge oder Krücken, sprach Frauen, die allein auf dem Campus unterwegs waren, an und bat sie, ihm seine Bücher zu seinem Auto zu tragen. Wenn sie dies taten, forderte er sie auf, in sein Auto zu steigen. Und dann vergewaltigte und tötete er seine Opfer.

Die Strategie, Mitleid bei anderen Menschen auszulösen und damit deren Empathievermögen auszunutzen, ist eine weitere charakteristische Eigenschaft von Psychopathen. Dabei muss der Psychopath nicht gleich eine Vergewaltigung, einen Raub oder Mord planen. Es reicht schon, dass er sich andere Vorteile dadurch erhofft, wie beispielsweise irgendeine Art der Bevorzugung oder Sympathie. So, wie auch Nickel einfach nur mein Mitleid erregen wollte, als er mir von seinem angeblich verstorbenen Sohn erzählte, damit ich ihn schneller für Lockerungen zuließ.

Ein deutliches *Warnzeichen* für Psychopathie ist also die Kombination aus unangemessenem, unmoralischem zwischenmenschlichen Verhalten und dem *Versuch, Mitleid bei seinen Mitmenschen zu erregen.*

Die Gefahr des unwiderstehlichen Charmes

Wir Menschen haben oft Spaß daran, uns in gefährliche Situationen zu begeben. Wir suchen den Nervenkitzel, indem wir zum Beispiel Achterbahn fahren oder blutige Thriller anschauen. Psychopathen können daher sehr anziehend auf uns wirken. Sie sind charmant, spontan und gehen gern Risiken ein. Ihre Vorschläge sind inspirierend und können unser Herz schneller schlagen lassen: »Lass uns ausprobieren, wie schnell dieses Auto fahren kann.« »Lass uns Sex auf der Flugzeugtoilette haben.« »Lass uns jetzt gleich nach Vegas fliegen und dort heiraten.« Wenn wir uns mit solchen risikoaffinen und dennoch charmanten Personen umgeben, fühlen wir uns lebendig, jung und verrückt. Der Thrill, neue Dinge auszuprobieren, verleiht uns das Gefühl, besonders zu sein, was unserem Selbstwertgefühl guttut.

Psychopathen können auch in sexueller Hinsicht verführerisch auftreten und dank ihrer Schauspielkünste besonders attraktiv wirken. Die Anziehungskraft von männlichen Psychopathen auf Frauen wurde in zahlreichen Studien belegt. So konnte eine Forschungsgruppe um Kristopher Brazil 2020 zeigen, dass Männer mit psychopathischen Eigenschaften Frauen überdurchschnittlich oft begehrenswert erschienen. Männliche Probanden sollten einen Fragebogen zur Psychopathie ausfüllen und wurden anschließend in einer Dating-Situation gefilmt. Später wurden Frauen Ausschnitte aus den Videos von den Dates der einzelnen männlichen Probanden gezeigt und sie sollten angeben, wie begehrenswert sie die Männer fanden. Besonders beim direkten Vergleich zwischen zwei Männern wurde der psychopathischere von beiden als anziehender wahrgenommen. In einer aktuellen Studie (2023) kam das Forschungsteam zu dem Schluss, dass sich Psychopathen beim Dating ihrem Gegenüber anpassen und sich attraktiver machen, indem sie falsche Eigenschaften vortäuschen. Sie stellen sich emotionaler, verträglicher, ehrlicher und demütiger dar, als sie in Wirklichkeit sind, um Frauen für sich zu gewinnen.

Besonders in Kurzzeitbeziehungen wie One-Night-Stands und kurzen sexuellen Affären sind Männer mit psychopathischen Eigenschaften oft erfolgreich. Sie haben eine höhere Anzahl an Sexualpartnerinnen als Männer, die weniger psychopathisch und manipulativ sind. Es fällt Psychopathen also leicht, Frauen für sich zu gewinnen. Der Beginn einer Beziehung zu einem Menschen mit psychopathischen Eigenschaften wird von Sexualpartnerinnen als aufregend, geradezu berauschend erlebt.

Auch wenn in diesem Kapitel meistens von psychopathischen Männern die Rede ist, die einerseits eine besondere Anziehungskraft auf Frauen ausüben und andererseits gefährlich für sie sein können, gibt es auch psychopathische Frauen. Von ihnen berichte ich in diesem Buch seltener, weil ich in der Sicherungsverwahrung ausschließlich mit Männern gearbeitet habe und bei Männern dissoziale und psychopathische Eigenschaften auch viel häufiger vorkommen als bei Frauen. Psychopathinnen wirken aber auf Männer genauso anziehend wie ihr männliches Gegenstück auf Frauen. Ein Mann, der mit einer Psychopathin verheiratet war, schildert seine Erfahrungen: »Sie hat immer irgendetwas Aufregendes, fast schon Unverschämtes gemacht. Manchmal ist sie für Wochen verschwunden und hat dabei viel Geld ausgegeben. Aber durch sie habe ich mich unglaublich lebendig gefühlt. Ich konnte nicht mehr klar denken, wenn sie in meiner Nähe war. Meine Gedanken kreisten nur um sie. Am Ende hat sie mich für einen anderen Mann verlassen und mir nicht mal eine Nachricht hinterlassen.«

Wie toxisch eine Langzeitbeziehung mit einem Psychopathen ist, lässt sich anhand dieses Zitats eines Betroffenen erahnen. Tatsächlich bestätigen psychologische Studien die persönlichen Erfahrungen von Menschen, die in einer Beziehung mit einem Psychopathen sind oder waren. In einer Studie wurden die Intimbeziehungen von subklinischen Psychopathen (also Personen mit psychopathischen Eigenschaften, die noch nicht das Vollbild einer Psychopathie erfüllen und die nicht straffällig geworden sind) untersucht. Je ausgeprägter die psychopathischen Eigenschaften der Probanden waren, desto eher zeigten sie gewalttätiges Verhalten in Intimbeziehungen, sexuelle Untreue, geringes *Commitment* und Vertrauen zu ihren Partnern sowie sexuelle Nötigung im Rahmen der Partnerschaft und betrachteten Vergewaltigungen als nicht problematisch. Psychopathen in Paarbeziehungen sind also unzuverlässig, untreu und sprunghaft und neigen zu gewalttätigem und missbräuchlichem Verhalten.

Titan hatte unzählige Kurzzeitbeziehungen und zeugte sogar in der Verwahrung ein Kind mit einer Frau. Nickel war gleich fünfmal verheiratet und missbrauchte die Kinder und Enkelkinder einiger seiner Partnerinnen. Diese Beispiele und die Ergebnisse der wissenschaftlichen Studien zeigen eindrücklich, in welchen Extremen man sich bewegt, wenn man eine Beziehung mit einem Psychopathen eingeht. Dies bedeutet ein enormes Spektrum der Gefühle von Erregung, Spaß, Lebendigkeit, Abenteuerlust und sexueller Begierde über Angst und Verzweiflung bis hin zu den schrecklichsten Erfahrungen überhaupt: körperliche und sexuelle Gewalt, Untreue, Missbrauch, Stalking und im schlimmsten Fall sogar Mord.

Da uns Psychopathen zum Teil sehr leicht beeindrucken können und positive Gefühle bei uns auslösen, kann es passieren, dass wir uns auf sie einlassen, ohne zu merken, was los ist. Dann ist es umso wichtiger, zu erkennen, wie der Psychopath tickt. Wenn wir bereits eine Beziehung zu einem Psychopathen eingegangen sind, wendet dieser verschiedene Taktiken an, um uns zu verwirren oder uns sogar an unserem Sinn für die Realität zweifeln zu lassen.

Perfide Verunsicherung

Einer der stärksten Effekte, die ein Psychopath auf uns haben kann, ist das Gefühl, dass wir unserer eigenen Wahrnehmung nicht mehr trauen können. Wir zweifeln an unserem Urteils- und Erinnerungsvermögen, weil wir von einem Psychopathen gezielt manipuliert wurden. Dies funktioniert dann besonders gut, wenn wir bereits ein Vertrauensverhältnis zu einem Menschen mit psychopathischen Eigenschaften aufgebaut haben, beispielsweise, wenn wir eine Liebesbeziehung zu ihm eingegangen sind.

Ein Teil seiner Strategie ist es, uns von unserem vertrauten sozialen Umfeld zu isolieren, damit wir in der Lügengeschichte gefangen bleiben und keine Korrektur von außen erfahren. Manchmal bindet der Täter sogar dritte Personen mit in seine Manipulationsstrategie ein, mit dem Ziel, Macht über uns auszuüben und uns zu kontrollieren. Diese Form der systematischen Verunsicherung wird als *Gaslighting* bezeichnet, benannt nach dem 1938 erschienenen Theaterstück *Gas light* des britischen Dramatikers Patrick Hamilton. In dem Stück wird Bella durch ihren Ehemann Jack derart verunsichert und manipuliert, dass sie glaubt, Dinge zu sehen und zu hören, die nicht existieren, und den Verstand zu verlieren.

Opfer eines Psychopathen haben häufig keine Vorstellung davon, warum jemand derart bösartig handeln sollte. Menschen mit vorhandenem Gewissen verstehen die Motive eines Psychopathen nicht, weil sie außerhalb ihres Erfahrungshorizonts liegen. Umso wichtiger ist unsere Auseinandersetzung damit, was Psychopathie bedeutet und wie man psychopathisches Verhalten erkennen kann.

Wenn man die Lügen und Manipulationsversuche von Psychopathen enttarnt und sie darauf anspricht, versuchen sie, ihr Gegenüber weiterhin zum Narren zu halten. Sie beharren auf ihrer Unschuld, denken sich weitere Lügengeschichten aus, schieben ein vermeintliches Missverständnis vor oder versuchen, uns falsches oder gar hinterhältiges Verhalten zu unterstellen, wobei sie sich selbst zum Opfer stilisieren. Reue,

Schamgefühle oder eine aufrichtige Entschuldigung können wir von einem Psychopathen nicht erwarten.

Menschen ohne psychopathische Eigenschaften haben im Normalfall einen ausgeprägten Sinn für Gerechtigkeit und wünschen sich einen Ausgleich für erfahrenes Unrecht. Da sie diesen Ausgleich für die Erniedrigungen durch einen Psychopathen nicht bekommen, neigen sie dazu, sich weiter daran aufzureiben und in der belasteten Beziehung zu verharren. Sie hoffen darauf, dass sich doch noch alles zum Guten wendet, ihr Partner sich endlich entschuldigt und versucht, den Schaden wiedergutzumachen – denn das ist es, was jeder normale Mensch irgendwann tun würde. Immerhin haben sie schon so viel in die Beziehung investiert und gelitten. Sie denken, dass sich das irgendwann auszahlen muss.

Dem Psychopathen ist aber das Leid seines Partners und das Unrecht, das er ihm angetan hat, egal. Nach einem Interview mit dem Manager und *White-Collar*-Psychopathen Albert J. Dunlap bestätigte auch der britische Journalist Jon Ronson, dass sein Gegenüber alle ihm vorgeworfenen unmoralischen Verhaltensweisen positiv umdeutete. Auf die Frage, ob er keine Reue empfinden würde, antwortete er: »Ein Mangel an Reue befreit dich und sorgt dafür, dass du in die Zukunft strebst und großartige Dinge erreichst. Worin besteht der Sinn davon, sich in Sorgen zu ertränken?« Auf die Frage, ob er andere manipulieren würde, antwortete er: »Manipulieren? Ich würde es Anführen nennen. Die Definition von Führung ist eine Person, die sich über die Masse erhebt und etwas erreicht.«

Wenn wir uns in einer ausbeuterischen Beziehung zu einem Psychopathen befinden, sollten wir diese schnellstmöglich beenden, egal, wie viel wir bereits investiert und erduldet haben. Es wird kein Happy End geben und wir vergeuden im besten Fall unwiederbringliche Lebenszeit mit einem unaufrichtigen und gefährlichen Partner – und im schlechtesten Fall stößt uns Schlimmes zu. Wenn wir uns mit psychopathischen Menschen in Liebesbeziehungen, aber auch in Freundschaften oder am Arbeitsplatz abgeben, büßen wir sehr viel Energie, Selbstvertrauen und gesundes Urteilsvermögen ein. Der Schritt der Ablösung von einem psychopathischen Partner ist nicht einfach. Wir sollten uns Unterstützung von Angehörigen, Freunden oder professionellen Helfern holen. Falls wir in der Beziehung zu einem Psychopathen bereits von anderen sozialen Kontakten isoliert worden sind, müssen wir uns ein neues, vertrauenswürdiges Umfeld aufbauen und die Unterstützung von professionellen Helfern suchen, um uns aus der Beziehung zu befreien.

Viele Betroffene denken, dass ihr psychopathischer Partner vielleicht eine Therapie machen und dadurch empathischer, verträglicher und liebevoller werden könnte. Leider gibt es bisher keine Therapie, die Psychopathen weniger gefährlich macht.

Die ersten Versuche, Psychopathen zu therapieren, wurden in den Siebzigerjahren in der *Oak Ridge*-Psychiatrie in Kanada durchgeführt. Das von Dr. Elliott Barker initiierte Programm beinhaltete obskure Methoden: Die psychopathischen Patienten »behandelten« sich gegenseitig. Sie verbrachten einige Tage gemeinsam nackt in einem Raum ohne Fenster und mit offener Toilette. Ihnen wurden halluzinogene Drogen wie LSD verabreicht. Teilweise entstanden zwischen den Patienten daraufhin Gespräche voller Empathie, was als Behandlungserfolg gewertet wurde. Peter Woodcock, ein kanadischer Serienmörder und Teilnehmer des Therapieprogramms, bekam Freigänge und tötete dabei einen anderen Patienten, indem er rund hundertmal mit einem Schraubenschlüssel auf dessen Kopf und Nacken einschlug. Als Motiv für die Tat gab er an, dass er wissen wollte, wie es sich anfühlt, jemanden zu töten. Als man ihm entgegnete, dass er zuvor bereits drei Menschen getötet habe, sagte Woodcock: »Ja, aber das ist viele Jahre her.« Zu dem Therapieprogramm für Psychopathen, an dem er teilgenommen hatte, sagte er: »All die Gespräche über Empathie waren für mich wie ein Expertenkurs im Vortäuschen von Empathie. Ich habe gelernt, andere besser zu manipulieren und extreme Neigungen zu verstecken.« Das Programm führte letztlich nur dazu, dass die Psychopathen noch gefährlicher wurden.

Der Psychopathie-Experte Robert D. Hare berichtet in seinem Buch *Gewissenlos* (Springer 2005) von einer Doktorandin, die sich mit Therapieprogrammen in Gefängnissen beschäftigte. Häufig wurden Gruppentherapien angeboten, an denen zum Teil auch Psychopathen teilnahmen. In den Aufzeichnungen des leitenden Therapeuten konnte sie Notizen zur Gruppentherapie einsehen. Diese zeigten in einem Fall eindrücklich, wie unangemessen sich ein psychopathischer Klient in der Gruppentherapie benahm: Er führte endlose Monologe und nahm damit die Aufmerksamkeit der anderen Teilnehmer in Anspruch. Dabei reflektierte er jedoch nicht seine begangenen Straftaten oder sein problematisches zwischenmenschliches Verhalten, sondern erzählte belanglose, aber dramatische Geschichten. Mit seinem großspurigen Auftreten dominierte er die Gruppe.

Nach nur wenigen Wochen Gruppentherapie veränderten sich die Notizen des Therapeuten. Er schrieb, dass sich das Verhalten des psychopathischen Klienten in der Gruppe verbessert habe. Er würde nun Verantwortung für sein eigenes Handeln übernehmen, erscheine berührt von den Sorgen anderer und würde weniger kriminell denken. Die Doktorandin war erstaunt über die veränderte Einschätzung des Therapeuten. Sie beschloss, den psychopathischen Mann kennenzulernen und für eine Studie zu befragen. Nach der Begegnung mit dem psychopathischen Klienten sagte sie, dass er der furchteinflößendste und schrecklichste Mensch gewesen sei, dem sie je begegnet wäre. Sie war schockiert darüber, dass der Mann es geschafft hatte, den Gefängnispsychologen davon zu überzeugen, dass er auf dem Weg der Besserung und weniger gefährlich sei.

Andere Therapieansätze, wie die Verabreichung des »Kuschelhormons« Oxytocin über ein Nasenspray, hatte einen gering positiven Effekt auf die Empathie der psychopathischen Probanden. Gleichzeitig gehen die Forscher davon aus, dass eher die kognitive und nicht die emotionale Empathie von dem Hormon beeinflusst wurde, da Psychopathen kein echtes Mitgefühl verspüren können.

Leider gibt es bisher keine erfolgsversprechenden Therapieansätze zur nachhaltigen Behandlung von Psychopathie. Klassische Psychotherapie sorgt offenbar lediglich dafür, dass Psychopathen lernen, sich noch besser anzupassen, normaler zu erscheinen, geschickter Empathie vorzuspielen und sogar die Therapeuten zu täuschen.

Checkliste Psychopathie: Worauf sollen wir achten?

Da wir nun mal keine ausführliche Akte über Menschen zu lesen bekommen, die wir gerade erst kennenlernen, müssen wir uns auf unsere Intuition und weitere Hinweise verlassen. Deswegen können wir auch nicht die ausführliche Psychopathie-Checkliste von Hare benutzen, für deren Anwendung wir außerdem eine mehrtägige Schulung benötigen würden. Die von mir entwickelte Merkmalsliste zum Erkennen von Psychopathen ist alltagstauglicher und bildet ein breites Spektrum verschiedener auffälliger Verhaltensweisen ab:

1. **Erster »psychopathischer« Eindruck:** Die Forschung hat gezeigt, dass wir innerhalb der ersten 5 Sekunden einer Begegnung spüren können, ob unser Gegenüber psychopathische Eigenschaften hat. Wir sollten den ersten Eindruck von einer Person bewusst abspeichern und nicht mit Informationen vermischen, die wir später von dieser Person erhalten.

2. **Besonderer Charme:** Kommt uns die Person besonders charismatisch, redegewandt und charmant vor? Bekommen wir von ihr besonders viel Aufmerksamkeit und Komplimente? Auch wenn das angenehm für uns ist, sollten wir vorsichtig sein und uns fragen, welches Ziel unser Gegenüber mit

dieser Strategie verfolgen könnte. Besonders dann, wenn wir schon beim Kennenlernen ein schlechtes Gefühl hatten.

3. **Spektakuläre Geschichten:** Erzählt die Person unglaublich mitreißende Geschichten, die kaum zu glauben sind? Wir sollten uns Details dieser Geschichten merken und wenn möglich überprüfen, ob diese der Wahrheit entsprechen. Oft kann man Lügengeschichten recht einfach enttarnen, so wie es bei der Erzählung über Nickels toten Sohn der Fall war.

4. **Furchtlosigkeit und entspannte Reaktion auf extreme Gewaltszenen:** Psychopathen kennen keine Angst. Wenn sie Fotos oder Videos von blutiger Folter, dramatischen Unfällen oder Gewaltverbrechen sehen, sind sie nicht schockiert, sondern eher fasziniert. Der Journalist Jon Ronson fragte den *White-Collar*-Psychopathen Al Dunlap, ob er wohl entsetzt reagieren würde, wenn er Tatorte mit verstümmelten Opfern sehen würde. Dunlap antwortete: »Nein, ich würde es rationalisieren. Ich wäre neugierig und würde mich fragen: Was ist hier passiert? Keinesfalls würde ich mich ängstlich in einer Ecke verkriechen.« Der Hirnforscher James Fallon, dessen Gehirn ein psychopathisches Erscheinungsbild aufweist, berichtete von einem schweren Autounfall, bei dem er

Erste Hilfe leistete. Das Unfallopfer wurde schwer am Brustkorb verletzt und Fallon bekam einen Schwall an blutigem Erbrochenem ab, als er versuchte, den Mann wiederzubeleben. Doch das Opfer verstarb am Unfallort. Nach dem Eintreffen der Polizei ging Fallon zu einer Party. Er bewertete das Ereignis folgendermaßen: »Der tote Mann kümmerte mich kaum, ich hatte das aufregende Erlebnis eher genossen.«
Vielleicht sollten wir unserem nächsten Date vorschlagen, uns gemeinsam einen blutigen Horrorfilm anzusehen. Sollte es tatsächlich dazu kommen, wäre es aussagekräftig, den Puls unseres Begleiters zu messen. Ein Psychopath würde beim Ansehen entsetzlicher Grausamkeiten keinen schnelleren Herzschlag bekommen und keinerlei Anzeichen von Angst oder Entsetzen zeigen (oder wenn, dann nur gespielt).

5. **Unbekümmertheit und Freude am Risiko:** Ein Psychopath ist alles andere als neurotisch. Er macht sich keine Sorgen, grübelt nicht und bereut nichts. Er wirkt unbeschwert und vielleicht ein wenig oberflächlich. In stressigen Situationen oder unter Druck bleibt ein Psychopath entspannt und fokussiert. Er langweilt sich schnell, braucht ständig Abwechslung und ist immer auf der Suche nach neuen, auf-

regenden Erfahrungen. Wir können daher darauf achten, ob unser Gegenüber immer über den Dingen zu stehen scheint, ob ihn nichts bekümmert, ob er Langeweile kaum aushalten kann und ob er gezielt riskanten Aktivitäten nachgeht.

6. **Selbstbezogenheit und Mangel an Empathie:** Psychopathen kreisen oft um sich selbst und machen sich kaum Gedanken über ihre Mitmenschen. Ihr Interesse an anderen ist entweder nicht vorhanden, dient der eigenen Bedürfnisbefriedigung oder ist aufgesetzt. Es ist aber nicht so einfach, einzuschätzen, ob jemand aufrichtige Empathie für einen anderen Menschen empfindet oder ob er solche Gefühle nur vortäuscht wie ein geübter Schauspieler. In der Arbeit mit psychopathischen Klienten hatte ich häufig das Gefühl, für sie austauschbar zu sein. Die Verwahrten zeigten keinerlei Interesse an meiner Person, sondern erhofften sich nur Vorteile durch meine hoffentlich wohlwollende Einschätzung. Wenn uns das Gefühl beschleicht, dass sich unser Gegenüber nicht wirklich für uns interessiert, sollten wir hellhörig werden und genau darauf achten, wie er über andere Menschen spricht. Äußert er sich positiv oder gar begeistert über andere Menschen? Beschäftigt ihn zum Beispiel die angespannte Lebenssituation oder der Liebeskum-

mer eines Freundes? Oder ist er von den Gefühlslagen und Problemen anderer Menschen eher unberührt oder gar genervt und positive Einschätzungen über andere fehlen gänzlich? Letzteres würde für eine verstärkte Selbstbezogenheit und Mangel an Empathie sprechen.

7. **Ausnutzen der Empathie anderer:** Psychopathen haben gelernt, dass ihre Mitmenschen anders ticken als sie und eine seltsame Schwäche namens Mitgefühl haben. Diese Erkenntnis machen sie sich zunutze, indem sie versuchen, bei anderen Menschen Mitleid zu erzeugen und deren Sympathie zu gewinnen (so wie Nickel, als er mir die Geschichte von seinem verstorbenen Sohn präsentierte). In einem Interview des britischen Journalisten Jon Ronson mit dem brutalen Paramilitär Emmanuel Constant (Spitzname »Toto«, ein Mann mit psychopathischen Eigenschaften) betonte Toto immer wieder, wie wichtig es ihm sei, dass ihn andere Menschen »wirklich« mögen würden. Er habe gelernt, Menschen zu gefallen, und fange keinen Streit mit ihnen an. Er kümmere sich darum, dass sich andere Menschen gut fühlen, die ihn deshalb mögen würden. Als Jon Ronson provozierend fragte, ob dieses verzweifelte Streben nach der Sympathie anderer denn keine große Schwachstelle von ihm sei, entgegnete

Toto: »Das ist überhaupt keine Schwäche. Ich sage dir, warum: Wenn dich Menschen mögen, kannst du sie in alle möglichen Richtungen manipulieren – ganz nach deinem Geschmack.« Totos Bestreben, von anderen gemocht zu werden, entstand aus rein berechnendem Kalkül, um Menschen für seine Zwecke zu manipulieren.

8. **Beharrlichkeit und Manipulationsgeschick:** Psychopathen setzen, wie bereits beschrieben, viermal so viel Dopamin frei, wenn man ihnen für eine Aufgabe eine Belohnung in Aussicht stellt, als Menschen ohne psychopathische Eigenschaften. Obwohl Psychopathen impulsive Verhaltenskomponenten haben, können sich manche von ihnen besonders gut fokussieren, wenn sie ein Ziel erreichen wollen (Studie von Buckholtz, 2010). Auch Titan ist bei der Begehung seiner Straftaten sehr fokussiert vorgegangen. Er gab sich als Talentscout aus und fuhr mehrere Stunden mit der jungen Frau im Wagen umher auf der Suche nach einem geeigneten Tatort, bis er sie schließlich vergewaltigte. Psychopathen treten selbstbewusst, dominant und beharrlich auf, akzeptieren kein »Nein« (siehe Strategie 7 von Gavin de Becker »Abtun des Wortes ›Nein‹«) und wollen »gewinnen«. Sie haben keinerlei Skrupel, andere zu betrügen und zu manipulieren. Eine

Studie aus dem Jahr 2022 zeigte, dass Menschen mit psychopathischen Eigenschaften, die das Online-Spiel *World of Warcraft* (WoW) spielen, innerhalb und außerhalb des Spiels stärker betrügen und manipulieren als Menschen mit gering ausgeprägten psychopatischen Charakterzügen. Personen, die in dem Spiel WoW erfolgreich waren und ein höheres Level erreichten, hatten häufig psychopathische Eigenschaften im interpersonellen und affektiven Bereich. Das typische psychopathische Streben nach Erfolg zeigt sich somit nicht nur in der realen Welt, sondern auch in einer digitalen Umgebung.

9. **Kühle, rationale Entscheidungen bei moralischen Dilemmas:** Psychopathen werten Emotionen nach Quantität (also danach, wie viele Menschen von einem Ereignis betroffen sind, und nicht danach, was es für den Einzelnen bedeutet), weil sie die Qualität nicht verstehen. Ihre Entscheidungen bei moralischen Dilemmas sind kühl und rational. Ein typisches (und in der philosophischen Fachliteratur bekanntes) moralisches Dilemma wäre folgendes: Ein Arzt hat fünf todkranke Patienten. Jeder Patient hat ein anderes Organ, das zu versagen droht und ersetzt werden muss, damit er nicht stirbt. Sollte der Arzt einen gesunden Menschen töten, um mit dessen Organen das Leben der anderen fünf Men-

schen zu retten? Ein Psychopath würde sich ohne Zweifel dafür entscheiden, weil fünf Menschenleben rein numerisch mehr zählen als nur eins. Man könnte Psychopathen also als extreme Utilitaristen oder, wie Robert D. Hare es formulierte, als »Utilitaristen auf Crack« bezeichnen.

10. **Auffällige Körpersprache:** Wir haben bereits gehört, dass Psychopathen oftmals ein auffälliges, raubtierhaftes Starren an sich haben. Da sie keine Angstgefühle kennen, blinzeln sie seltener als andere. Allerdings können Menschen auch einen seltsamen, starren Blick haben, ohne Psychopathen zu sein. Das Starren kann man also zur Kenntnis nehmen, aber erst im Zusammenhang mit anderen auffälligen Verhaltensweisen wird es zu einem Hinweis auf Psychopathie. Auch die Gestik von Psychopathen kann mitunter speziell sein. Robert D. Hare fand heraus, dass Menschen stärker rhythmisch mit den Händen gestikulieren, wenn sie Schwierigkeiten haben, die richtigen Worte zu finden, vor allem dann, wenn sie sich in einer Fremdsprache ausdrücken müssen oder sich mit dem Thema nicht so gut auskennen. Diese unterstützenden Gesten zur Sprachfindung werden »Beats« genannt. Psychopathen verwenden Beats häufiger als andere Menschen, besonders dann, wenn sie über Themen sprechen, die allgemein als emoti-

onal gelten. Der Zusammenhang ist wenig überraschend, wenn man bedenkt, dass Psychopathen Gefühle kaum erleben und verstehen. Mühselig müssen sie sich einer »fremden Sprache« bedienen.

Diese zehn Hinweise können uns dabei helfen, Psychopathen frühzeitig zu erkennen und uns vor ihnen zu schützen, indem wir ihnen aus dem Weg gehen. Innerhalb der Persönlichkeitspsychologie wurde in den 1930er-Jahren von den Psychologen Louis Thurstone, Golden Allport und Henry Sebastian Odbert ein Modell entwickelt, um die Persönlichkeit von Menschen zu beschreiben. Sie sammelten eine Liste von 18 000 Eigenschaftsbegriffen und unterzogen sie einer Faktorenanalyse. Das Ergebnis waren fünf Hauptdimensionen der Persönlichkeit, die sogenannten »Big Five« (häufig auch OCEAN-Modell genannt). Durch diese fünf Faktoren lässt sich die Persönlichkeit eines jeden Menschen beschreiben: Neurotizismus, Extraversion, Offenheit für neue Erfahrungen, Gewissenhaftigkeit und Verträglichkeit. Auch Psychopathen lassen sich in das Modell einordnen und Psychopathie-Experten haben dazu folgende Einschätzung abgeben: Psychopathen haben hohe Werte bei »Extraversion« (besonders, was die Facette »Durchsetzungsfähigkeit« betrifft), »Offenheit für neue Erfahrungen« (besonders in der Facette »Handlungen«) und niedrige Ausprägungen in den Bereichen »Gewissenhaftigkeit« (außer bei der Facette »Kompetenz«), »Verträglichkeit« und »Neurotizismus«.

Bei meinen Recherchen zur Psychopathie habe ich eine Beschreibung gefunden, die das Phänomen meiner Meinung nach sehr gut illustriert. Der Psychopathie-Experte Robert D. Hare sollte die Schauspielerin Nicole Kidman auf die Rolle einer Psychopathin in dem Film *Malice* vorbereiten. Er beschrieb ihr folgendes Szenario aus der Sicht einer Psychopathin: »Ein Kind wird auf einer Kreuzung von einem Auto erfasst. Um den Unfallort hat sich bereits eine Menschenmenge gesammelt. Du läufst darauf zu, das Kind liegt am Boden inmitten einer Blutlache. Du entdeckst etwas Blut an deinem Schuh und sagst ›Oh, shit.‹ Du schaust zu dem Kind – interessiert, aber nicht abgestoßen oder erschrocken. Dann siehst du die Mutter des verletzten Kindes und bist sehr fasziniert davon, dass sie ihre Gefühle offen zeigt, weint, schreit und schockiert wirkt. Nach ein paar Minuten drehst du dich um und gehst nach Hause. Du betrittst dein Badezimmer, stellst dich vor den Spiegel und versuchst, die Gesichtsausdrücke der Mutter zu imitieren. Psychopathen erfassen nicht die emotionale Wertigkeit von Geschehnissen, aber sie wissen, dass etwas Bedeutsames passiert ist.«

Diese Szene beschreibt eindrücklich, wie Psychopathen die Welt wahrnehmen. Ihr Mangel an Emotionalität hat beinahe etwas Außerirdisches und ist sowohl faszinierend als auch verstörend. Wenn Psychopathen zudem noch sexuell abweichende Präferenzen haben und es zum Beispiel als lustvoll empfinden, andere Menschen zu quälen, wird es besonders gefährlich, wie wir in dem folgenden Kapitel sehen werden.

GEFÄHRLICHE SEXUELLE FANTASIEN

Die sexuellen Vorlieben und Fantasien von Menschen sind bunt und individuell. Mit ihnen verbunden sind einerseits die intensivsten Genüsse, die aufregendsten Erfahrungen und die Möglichkeit, seine Individualität auszudrücken. Andererseits können sie für Angst und Schamgefühle sorgen, wenn der Betroffene sie als zu sehr von der Norm abweichend und als Belastung wahrnimmt. Im schlimmsten Fall können deviante Vorlieben dazu führen, dass andere Menschen vergewaltigt, gefoltert oder sogar getötet werden.

In der forensischen Psychologie werden vor allem sexuelle Hochrisiko-Fantasien als potenziell gefährlich angesehen. Dabei handelt es sich um detaillierte visuelle Aneinanderreihungen von Bildern, die in der Vorstellung des Betroffenen wie ein Film ablaufen und dabei intensive sexuelle Erregung auslösen. Die Inhalte dieser Vorstellung können dabei problematisch sein, da sie die Wahrscheinlichkeit erhöhen, ein sexuell motiviertes Delikt zu begehen. Sie handeln zum Beispiel von sexuellem Missbrauch von Kindern, von Vergewaltigungen und von sadistischen Folterszenen. Dabei folgen die Fantasien einem detailliert ausgearbeiteten Skript, das der Betroffene immer wieder vor seinem inneren Auge abspielt, um neue Inhalte erweitert und durch Masturbation quasi verstärkt. Die Betroffenen stellen sich diese Fantasien häufig und in verschiedenen Situationen vor. Zudem konnten Studien belegen, dass Sexualstraftäter neben diesen intensiven Fantasien auch unangemessene Überzeugungen haben. Vergewaltiger betrachten Frauen beispielsweise als Sexualobjekte und haben implizite Theorien, wie: »Frauen sind Objekte, die dafür geschaffen wurden, die sexuellen Bedürfnisse von Männern zu befriedigen.« Kindesmissbrauchstäter dagegen vertreten die Ansicht, dass Kinder Sex mit Erwachsenen provozieren würden und die Folgen von sexuellem Missbrauch harmlos seien. Solche verzerrten Einstellungen erhöhen die Gefahr, dass der Betroffene seine sexuellen Fantasien in die Tat umsetzt.

In der folgenden Übersicht finden wir noch weitere verzerrte Einstellungen von Vergewaltigern, die ich der Vergewaltigungsmythen-Aktzeptanzskala (VMAS) von Costin (1985) entnommen habe. Solche Vergewaltigungsmythen kommen jedoch nicht nur bei Sexualstraftätern, sondern auch in der Allgemeinbevölkerung vor. Studien zeigen, dass Personen, die Frauen tendenziell eine traditionelle und untergeordnete Rolle sowie eingeschränkte Rechte zuschreiben, eher den Vergewaltigungsmythen zustimmten. Die Skala besteht aus insgesamt 20 Fragen, wobei nicht nur die Vergewaltigungsmythen direkt abgefragt werden, sondern auch gegenteilige Einstellungen, bei denen beispielsweise dem Opfer keine Verantwortung für die Vergewaltigung zugeschrieben wird (zum Beispiel Frage 2):

1. Um Männer vor ungerechtfertigten Vorwürfen zu schützen, sollte man bei Vergewaltigungsklagen nur möglichst schwerwiegende Beweise zulassen.
2. Bei einer Vergewaltigung ist niemals das Opfer Ursache des Verbrechens.
3. Die meisten Frauen, die behaupten, sie seien von Bekannten vergewaltigt worden, haben vermutlich eingewilligt und es sich hinterher anders überlegt.
4. Frauen werden durch die traditionellen Geschlechterrollen in unserer Gesellschaft zu Vergewaltigungsopfern gemacht.
5. Wenn ein Beischlaf durch finanzielle Drohungen erzwungen wird (zum Beispiel, wenn eine Angestellte mit dem Verlust ihres Arbeitsplatzes bedroht wird, falls sie sich weigert, mit ihrem Chef zu schlafen), sollte dies rechtlich wie die Androhung körperlicher Gewalt behandelt werden.
6. Die meisten Anzeigen wegen Vergewaltigung sind unbegründet.
7. Im Allgemeinen sind die Opfer einer Vergewaltigung durch ihr provokatives Verhalten eher dafür verantwortlich, was ihnen geschieht, als Opfer anderer Verbrechen.

8. In der Ehe kann es keine Vergewaltigung durch den Ehemann geben, da die Einwilligung zum Beischlaf ständiger Bestandteil des Eheversprechens ist und nicht zurückgenommen werden kann.
9. Die meisten Männer haben einen ausgeprägten Sexualtrieb.
10. Eigentlich wünschen sich viele Frauen, vergewaltigt zu werden.
11. Das grundlegende Motiv eines Vergewaltigers besteht nicht so sehr in der sexuellen Befriedigung, sondern in der Demütigung des Opfers.
12. Keine gesunde erwachsene Frau, die sich energisch zur Wehr setzt, kann von einem unbewaffneten Mann vergewaltigt werden.
13. Oft fordern Frauen eine Vergewaltigung durch ihre äußerliche Erscheinung oder ihr Verhalten heraus.
14. In einer Gerichtsverhandlung wegen Vergewaltigung sollte es der Verteidigung nicht erlaubt sein, das sexuelle Vorleben des mutmaßlichen Opfers zur Sprache zu bringen.
15. Wenn eine Anzeige wegen Vergewaltigung erst zwei Tage nach der Tat erfolgt, handelt es sich vermutlich nicht um eine Vergewaltigung.
16. Eine vergewaltigte Frau ist ein unschuldiges Opfer und trägt keine Verantwortung.

17. Jede Frau, die einen Mann »anmacht«, ohne die geweckten Wünsche zu erfüllen, legt es geradezu darauf an, vergewaltigt zu werden.
18. Eine Frau sollte dafür verantwortlich sein, ihrer eigenen Vergewaltigung vorzubeugen.
19. Im Grunde kann jede Frau Opfer einer Vergewaltigung werden.
20. Wenn eine Frau vergewaltigt wird, kann sie sich ebenso gut entspannen und das Ganze genießen.

Sexuelle Fantasien mit devianten Inhalten, wie zum Beispiel Vergewaltigung oder sexueller Missbrauch von Kindern, stellen für sich genommen noch keine Gefahr dar. Erst, wenn der Betroffene die zuvor erwähnten verzerrten Überzeugungen, einen gravierenden Empathiemangel und/oder eine problematische Persönlichkeit mit narzisstischen und psychopathischen Anteilen aufweist, kann es zur Umsetzung der schädigenden Fantasien in die Realität kommen. Menschen mit diesen Persönlichkeitsstörungen stellen ihre eigenen Bedürfnisse in den Vordergrund, sind gleichgültig gegenüber den Empfindungen anderer und/oder haben kein Gewissen entwickelt. Daher schrecken sie nicht davor zurück, ihre Fantasien in die Realität umzusetzen und dabei andere Menschen körperlich und psychisch zu schädigen.

Wir werden nun einem Täter begegnen, dessen sexuell erregendste Fantasie darin bestand, Frauen auf sadistische Art und Weise zu quälen. Er empfand es als besonders lustvoll,

Frauen in seine Gewalt zu bringen, sie zu sexuellen Handlungen zu zwingen und dabei das Machtgefälle zu genießen. Aus der Perspektive eines Sadisten hat man die absolute Kontrolle über einen Menschen, wenn man über dessen Tod oder Weiterleben entscheidet. Der Mann, den ich in der Sicherungsverwahrung kennenlernte, hatte diese Entscheidungsgewalt gehabt und genutzt.

CHROM

Untergebrachte in der Sicherungsverwahrung werden von Psychologen und Sozialarbeiterinnen mit dem Ziel therapiert, weniger gefährlich beziehungsweise nicht mehr einschlägig strafrückfällig zu werden. Die an der Therapie Mitwirkenden legen zwar halbjährlich ihre Erkenntnisse und Einschätzungen über den Fortschritt der Behandlung der jeweiligen Verwahrten dar, doch dies reicht dem Gericht nicht aus, um zu beurteilen, ob die Rückfallgefahr gering genug ist, um einer Entlassung zuzustimmen.

Deswegen werden nach einigen Jahren der Behandlung externe Gutachter beauftragt, die im Rahmen von Lockerungs- und/oder Prognosegutachten dem Gericht ihre Einschätzung der Gefährlichkeit des Untergebrachten darlegen. Sie lesen die Behandlungsunterlagen des Verwahrten, führen – wenn er damit einverstanden ist – mehrere Gespräche mit ihm und wenden Prognoseinstrumente an, zu denen zum Beispiel auch die bereits beschriebene Psychopathie-Checkliste von Hare gehört. In einem schriftlichen Gutachten führen sie dann aus, welche Diagnose beim Untergebrachten vorliegt, welche Behandlungsfortschritte er gegebenenfalls gemacht hat, wie hoch sie die Rückfallgefahr einschätzen und welche weiteren Behandlungs- und Lockerungsschritte aus ihrer Sicht angemessen sind. Das Gericht erhält anschließend dieses ausführliche schriftliche Gutachten. Darüber hinaus sollte der Gutachter oder die Gutachterin persönlich bei dem Anhörungstermin erscheinen und seine/ihre Erkenntnisse vertreten. Der Untergebrachte und das Behandlungsteam aus der Sicherungsverwahrung sind dann ebenfalls anwesend.

Das Gericht entscheidet auf Basis der Aussage des Untergebrachten und der geladenen Sachverständigen, ob eine Fortdauer der Unterbringung angemessen ist. Dies ist meistens der Fall. Eine Entlassung aus der Sicherungsverwahrung ist eher unwahrscheinlich, weil es sich bei den Verwahrten um gefährliche Hangtäter handelt, bei denen es in der Regel Jahre dauert oder gar nicht möglich ist, ihre Gefährlichkeit zu verringern. Der Begriff Hangtäter bedeutet, dass der Betroffene eine fest verwurzelte Neigung dazu hat, Straftaten zu begehen, und ständig dazu entschlossen ist, das Gesetz zu brechen, wenn sich eine günstige Gelegenheit dafür bietet.

Als Besucherin eines solchen Anhörungstermins zur Entscheidung über die Fortdauer der Sicherungsverwahrung lernte ich den Untergebrachten »Chrom« im Gerichtssaal kennen. Ich war aus zwei Gründen bei dem Termin anwesend: Zum einen sollte ich Chrom anschließend als Klienten übernehmen und zum anderen war ich in der Einarbeitungsphase und würde zukünftig auch selbst als Sachverständige vor Gericht über meine Klienten Aussagen treffen.

Auf der Sachverständigenbank saß ich zwischen meiner Kollegin und einem externen Gutachter. Meine Kollegin war noch für Chrom zuständig und sollte über seine Entwicklung berichten. Sie ging von der Diagnose eines sexuellen Sadismus aus. Dabei handelt es sich um eine Störung der Sexualpräferenz, bei der der Betroffene es sexuell befriedigend findet, wenn er seinem Gegenüber Schmerzen und Qualen zufügt.

Der Gutachter hatte Chrom ebenfalls eingeschätzt und war zu einer abweichenden Diagnose gelangt. Er diagnostizierte eine »haltschwache Persönlichkeitsstörung«, womit antriebsarme, schwunglose Menschen beschrieben werden, die widerstandslos äußeren Einflüssen unterliegen und leicht zu verführen sind.

Mit seiner Diagnose zielte der Gutachter eindeutig in Richtung einer Entlassung Chroms, der inzwischen seit 26 Jahren inhaftiert und verwahrt gewesen war. Die Meinung des Gutachters, eines psychiatrischen Sachverständigen, zählt vor Gericht üblicherweise mehr als die Einschätzung der behandelnden Psychologen, die die Einrichtung der Sicherungsverwahrung vertreten.

So war es auch bei Chrom. Der Beschluss des Richters sah vor, dass er innerhalb des nächsten Jahres entlassen werden sollte. Das zuständige Behandlungsteam, zu dem nun ich und eine Sozialarbeiterin gehörten, sollte eine geeignete Wohnung für ihn finden und Langzeitausgänge mit Probewohnen organisieren.

Ich fragte mich, ob Chrom tatsächlich ein gefährlicher sexueller Sadist war, und recherchierte in Fachbüchern und meinen Unterlagen zu dem Thema. Grundsätzlich gibt es zwei verschiedene Varianten von sexuellem Sadismus: eine harmlose und eine gefährliche. Die harmlose Variante, die häufiger vorkommt, trifft auf Menschen zu, die mit ihren Sexualpartnern einvernehmlich sadistische Praktiken ausleben. Sadistische Handlungen sind für diese Personen nur dann sexuell erregend, wenn ihr Partner sie als genauso lustvoll empfindet. Menschen mit dieser Neigung findet man beispielsweise als sogenannte »Doms« – also Personen, die in sexueller Hinsicht eine dominante Rolle gegenüber dem submissiven Partner (»Subs«) einnehmen – in der BDSM-Szene. Das Akronym BDSM wurde aus den englischen Begriffen *Bondage & Discipline, Dominance & Submission, Sadism & Masochism* gebildet und ist ein Sammelbegriff für verschiedene sexuelle Präferenzen, die mit Dominanz und Unterwerfung, Fesselspielen und dem Zufügen beziehungsweise Empfinden von (Lust)Schmerzen einhergehen. Dabei müssen die Teilnehmenden nicht die gesamte Bandbreite an Spielarten auskosten. Es gibt auch Doms und Subs, die sich auf das Dominanzgefälle und Fesselspiele konzentrieren, ohne dabei schmerzhafte Handlungen auszuüben und zu genießen. Menschen, die ihrem Partner mit dessen Einwilligung Schmerzen zufügen, werden einvernehmliche oder auch inklinierende Sadisten genannt. Die Umsetzung diverser BDSM-Spielarten setzt gegenseitiges Vertrauen und Sympathie zwischen den Partnern voraus. Es werden beispielsweise geheime Code-Wörter ausgemacht, die der masochistische Partner äußern kann, um dem Dom das Zeichen zu geben, dass es gerade zu schmerzhaft für ihn ist. Der Dom mildert oder bricht dann die Handlung ab. Durch wiederholtes Praktizieren der BDSM-Spiele lernt die dominante Partnerin die Präferenzen und Grenzen des masochistischen Partners besser kennen und kann die Intensität der Einwirkung gezielt darauf abstimmen. Grobes Übertreten dieser Grenzen ohne Einwilligung des Partners stellt für beide Seiten keine Option dar.

Ganz anders ist das beim gefährlichen sexuellen Sadismus, der entsprechend dem deutschen Psychologen Peter Fiedler »periculärer sexueller Sadismus« genannt wird. In dem Buch *Sexuelle Orientierung und sexuelle Abweichung* aus dem Jahr 2004 beschreibt er die Merkmale vom periculären Sadismus:

- Die Handlungen werden von inneren Zwängen angetrieben, wobei die Betroffenen zunehmend die Selbstkontrolle verlieren.
- Die Betroffenen verstoßen gegen die sexuelle Selbstbestimmung ihrer Sexualpartner.
- Dadurch erfüllen sie den Straftatbestand der sexuellen Nötigung oder Vergewaltigung. In Extremfällen kommt es auch zu Tötungsdelikten.

Der periculäre beziehungsweise gefährliche sexuelle Sadismus stellt somit eine krankhafte Störung der Sexualpräferenz dar. Periculäre Sadisten verkehren normalerweise nicht in der BDSM-Szene und werden dort auch nicht geduldet. Höchstens für Übungszwecke, also um Vorerfahrungen mit einvernehmlichen Sexualpartnern zu sammeln, könnte sich ein gefährlicher Sadist der BDSM-Szene annähern, bevor er eine Sexualstraftat begeht, die seinen eigentlichen sexuellen Wünschen entspricht, nämlich dem Quälen von Opfern.

Entsprechend einer Studie aus dem Jahr 2019 ist der Anteil der gefährlichen sexuellen Sadisten in einer Gruppe von 350 Männern, die sexuell motivierte Tötungsdelikte in Großbritannien begangen haben, mit 37 Prozent relativ hoch. Andere Studien gehen sogar von zwei Dritteln aus. Allerdings ist die Anzahl von Sexualmorden sehr gering und macht weltweit nur einen Anteil von 1 bis 5 Prozent aller Tötungsdelikte aus. Das bedeutet, dass die Wahrscheinlichkeit, einem Sexualmord zum Opfer zu fallen, sehr gering ist. Wenn jedoch ein Sexualmord vorliegt, ist wiederum die Wahrscheinlichkeit, dass es sich bei dem Täter um einen gefährlichen sexuellen Sadisten handelt, relativ hoch.

Ich wusste bereits, dass Chrom mehrere weibliche Opfer auf sexuelle Weise erniedrigt hatte. Aber wie weit war er dabei gegangen? Handelte es sich bei Chrom tatsächlich um einen gefährlichen Sadisten?

Verspürte Chrom die maximale sexuelle Erregung beim Töten?

Die Akten über Chrom lagen auf meinem Schreibtisch und ich hatte das Gefühl, dass die Tischplatte in der Mitte ein paar Millimeter durchhing, so viel Material hatte sich in den letzten 26 Jahren über ihn angehäuft. Nachdem ich mir einen ersten Überblick verschafft hatte, wusste ich:

Chrom heiratete kurz nach Erreichen der Volljährigkeit seine damalige Partnerin. Von Beginn an gab es immer wieder Schwierigkeiten in der Ehe. Chrom wurde schnell jähzornig und es kam häufig zu Streitigkeiten. Eines Abends verließ

Chrom die gemeinsame Wohnung und ging in eine Kneipe. Dort lernte er eine 19-jährige Frau kennen und überredete sie, mit in seine Wohnung zu kommen. Chroms Ehefrau war nicht zu Hause. Gleich nachdem Chrom und die junge Frau die Wohnung betreten hatten, bedrohte er sie mit einem Messer und fesselte sie. Er zwang sie zum Oralverkehr und würgte sie teilweise bis zur Bewusstlosigkeit.

Als Chroms Ehefrau nach Hause kam, bedrohte er auch sie mit dem Messer und kündigte an, dass er sie umbringen werde, wenn sie nicht das tue, was er sage. Beide Frauen mussten sich wiederholt verschiedene Kleidungsstücke anziehen, die ihnen Chrom dann immer wieder vom Leib riss. Er schlug und fesselte sie. Die Frauen wurden von Chrom wiederholt gezwungen, ihn oral zu befriedigen. Das Tatgeschehen zog sich über mehrere Stunden hin. Erst am Morgen ließ er die 19-Jährige gehen und wurde Stunden darauf von der Polizei festgenommen.

Chrom wurde wegen sexueller Nötigung zu einer Freiheitsstrafe von sechs Jahren verurteilt. Chroms Frau ließ sich von ihm scheiden. Wegen guter Führung wurde Chrom bereits nach fünf Jahren aus dem Gefängnis entlassen.

In einer Kneipe lernte er die 56-jährige Renate kennen und zog unmittelbar bei ihr ein. Nach kurzer Zeit des Zusammenlebens attackierte er Renate, riss ihr die Kleider vom Leib, fesselte sie und drohte ihr mit einem Messer in der Hand, dass er sie töten würde. Im Badezimmer pinkelte er sie an und zwang sie dazu, seinen Urin zu trinken. Er versuchte, eine Flasche in Renates Scheide einzuführen, was ihm nicht gelang, weil sie sich stark dagegen wehrte. Er zwang sie mehrfach, ihn oral zu befriedigen. Insgesamt hatte er sie zehn Stunden in seiner Gewalt. Das Delikt wurde als sexuelle Nötigung bewertet und Chrom bekam eine Haftstrafe von acht Jahren auferlegt. Der Attacke war kein Streit vorausgegangen. Seit der Entlassung Chroms aus der vorherigen Haft war nur ein Jahr vergangen.

Während seiner erneuten Inhaftierung wurde Chrom einzeltherapeutisch betreut. Nach fünf Jahren im Gefängnis erhielt er die Möglichkeit zu unbegleiteten Ausgängen. Sein Verhalten während der Inhaftierung verlief, wie schon in der ersten Haft, ohne Beanstandungen. Chrom wirkte in der Therapie offen und weitestgehend reflektiert. Vor diesem Hintergrund hielten die behandelnden Sozialarbeiter und Psychologen das Rückfallrisiko für gering.

Chrom hatte bereits mehrere Ausgänge beanstandungsfrei hinter sich gebracht, bis er während eines unbegleiteten Ausgangs zufällig auf eine ihm nicht bekannte Frau namens Barbara traf. Sie kamen ins Gespräch und Barbara bot ihm an, mit in ihre Wohnung zu kommen und noch einen Kaffee mit ihr zu trinken. Chrom willigte ein. Kurz nachdem beide die Wohnung betreten hatten, attackierte Chrom die Frau plötzlich von hinten und schlug auf sie ein. Dann bedrohte er sie mit einem Messer, das er in der Küche gefunden hatte, und schlug ihr mehrmals heftig ins Gesicht. Er riss Barbara die Kleidung herunter und zwang sie dazu, sich verschiedene Kleidungsstücke immer wieder anzuziehen, um ihr diese dann wegzureißen. Zwischenzeitig nötigte Chrom sein Opfer, ihn mit der Hand und oral zu befriedigen. Chrom hielt sich über mehrere Stunden in Barbaras Wohnung auf und quälte sie. Zufällig fand er eine Schusswaffe im Wohnzimmerschrank. Chrom nahm die

Waffe, hielt sie Barbara an den Kopf und drohte, sie zu töten. Ihre Todesangst erregte ihn.

Barbaras Leiche wurde später in ihrem Schlafzimmer auf dem Bett liegend vorgefunden. Die Obduktion ergab, dass sie erwürgt wurde.

Chrom war der einzige überlebende Tatzeuge und gleichzeitig der Täter. Das Tatgeschehen musste anhand der Aussage Chroms und der Spuren am Tatort rekonstruiert werden. Chrom öffnete sich den ermittelnden Beamten und beschrieb die Anbahnung, den Übergriff auf Barbara und einzelne Elemente der Tat. Er sagte weiterhin aus, dass er Barbara über Stunden in seiner Gewalt gehabt habe und sie plötzlich begonnen habe, sich zu wehren und zu schreien. Er habe sie erwürgt, um diese Gegenwehr zu unterbinden. Dies könnte der Wahrheit entsprechen, allerdings hätte er Barbara nur bis zur Bewusstlosigkeit würgen und sie dann durch andere Maßnahmen wie Knebeln und Fesseln an weiterer Gegenwehr hindern können.

Jemanden zu erwürgen, ist eine Tötungsmethode, bei der man als Täter dem Opfer sehr nah ist und jede mimische Regung, alles Leiden und Kämpfen von Angesicht zu Angesicht wahrnimmt. Studien zeigen, dass insbesondere Sexualmörder häufig diesen Weg wählen, während Täter von Tötungsdelikten ohne sexuellen Hintergrund eher Methoden bevorzugen, die mehr Distanz zum Opfer ermöglichen, wie beispielsweise Erschießen. Auch dauert die Tötung durch Erwürgen relativ lange. Die erstickende Person verliert zwar spätestens nach 13 Sekunden das Bewusstsein, doch ihr Körper führt während der nächsten Minuten eine Reihe unwillkürlicher Bewegungen aus, die man als Täter beim Würgen als bewusste Gegenwehr fehlinterpretieren könnte.

Das bedeutet, dass Chrom Barbara mindestens zwei Minuten lang ununterbrochen gewürgt haben muss, bevor sie völlig regungslos war. Dabei hat das automatische Überlebensprogramm von Barbaras Körper mit der rhythmischen Bauchatmungsbewegung ein markantes und durchdringende Geräusch erzeugt, das erst nach etwa zwei Minuten des pausenlosen Würgens durch den Täter endete. Chrom konnte Barbara zwei Minuten lang beim Sterben zusehen. Diese zwei Minuten würden Menschen, die keinen Gefallen daran finden, wahrscheinlich endlos vorkommen.

Ein Untergebrachter im Maßregelvollzug, der im Drogenrausch nach einem Streit eine Frau erwürgt hatte, weil er sich von ihr »genervt« fühlte, erzählte aufgebracht von dem Tathergang: »Dann habe ich ihr mit beiden Händen fest den Hals zugedrückt, damit sie still ist.« Dabei hielt er seine Hände vor sich, imitierte die Bewegung und zitterte, weil er die Kraft andeuten wollte, die er dafür hatte aufwenden müssen. Er fügte hinzu: »Bis sie endlich tot war. Das hat richtig lange gedauert. Ich hätte nicht gedacht, dass das so anstrengend ist.« Dieser Täter hatte nicht aus einer sadistischen Lust heraus getötet. Daher empfand er den Sterbeprozess seines Opfers als lange, anstrengend und unangenehm. Ein gefährlicher sexueller Sadist hingegen würde wahrscheinlich den langsamen Sterbeprozess seines Opfers genießen.

Chrom hat in Barbaras Wohnung eine Schusswaffe gefunden, die er hätte einsetzen können, um sie damit zu töten. Er wählte jedoch die Tötungsmethode, bei der er dem Opfer näher war und die gleichzeitig länger dauerte. Die Tatsache, dass Chrom sein Opfer über Stunden sexuell gequält und schließlich mit eigenen Händen erwürgt hat, sprach für das Vorhandensein eines sexuellen Sadismus. Sadisten geht es darum, ihr Opfer auf alle erdenklichen Arten zu quälen. Dabei wollen sie vor allem die Reaktionen des Opfers auf ihre sadistischen Handlungen beobachten und mit allen Sinnen wahrnehmen. Es erregt sie, Todesangst in den Augen ihres Gegenübers zu sehen, seine Schmerzlaute zu hören und seine Abwehrbewegungen zu spüren.

In einer Fortbildung über sexuellen Sadismus sprach eine erfahrende forensische Kollegin über einen ihrer sadistischen Klienten. Sein erstes Opfer war eine junge Frau gewesen, die er in sein Auto gezerrt und in seine Wohnung gebracht hatte, um sie dort sexuell zu quälen. Als er begann, die Frau auszuziehen und sein vorfantasiertes Folterritual an ihr auszuprobieren, zeigte das Opfer kaum erkennbare Reaktionen. Die Frau war vor Angst wie eingefroren, was eine natürliche Reaktion auf eine solche Stresssituation sein kann. Der Sadist hatte sich allerdings ein anderes Verhalten vorgestellt, wie Panikschreie oder ein Winden vor Schmerzen. Er war von der Ausdruckslosigkeit seines Opfers, die keinesfalls seinen sexuellen Fantasien entsprach, gelangweilt. Kurzerhand zog er die Frau wieder an, setzte sie in sein Auto und fuhr sie in die Gegend zurück, in der er sie aufgegriffen hatte, um sie dort zu freizulassen.

Auch Chrom setzte alle erdenklichen Mittel ein, um Barbaras Angstreaktion möglichst lange genießen zu können und die absolute Kontrolle über sie, ihren Körper und ihre Gefühle zu haben. Er schlug sie brutal zusammen, erniedrigte sie, indem er ihr wiederholt die Kleidung vom Leib riss, und er wollte bei ihr Todesangst auslösen, indem er ihr eine Schusswaffe an den Kopf hielt und ihr damit androhte, sie zu töten. Einem anderen Menschen das Leben zu nehmen, ist für die meisten gefährlichen Sadisten wahrscheinlich der ultimative Kick und stellt für sie die höchste Form von Macht dar. Daher hielt ich es für wahrscheinlich, dass Chrom es genossen hatte, Barbara mit seinen eigenen Händen zu töten, und dass dies womöglich den Höhepunkt seiner sexuellen Masterfantasie darstellte.

Eine sexuelle Masterfantasie ist die Vorstellung, die einen Menschen am stärksten erregt und ihm geradezu perfekt erscheint. Sie kann Elemente aus real Erlebtem oder völlig Fantastischem enthalten. Durch neue Erfahrungen, Erzählungen und Filme kann sie erweitert und verändert werden. Die einzelnen Elemente der Masterfantasie ergeben eine Art Skript. Dieses wird in der Kriminaltherapie analysiert, wenn sich der Klient darauf einlässt. Bei gefährlichen Sadisten wie Chrom ist die sexuelle Masterfantasie gleichzeitig auch eine sexuelle Hochrisiko-Fantasie, weil sie aus sexuell devianten Inhalten besteht und in seinem Fall bereits mit entsprechendem Opferschaden in der Realität ausgelebt wurde. Wir können aus dem Tatgeschehen mit drei Delikten und vier Opfern wichtige Elemente bezüglich Chroms Masterfantasie ableiten: Er mag es, Frauen zu kontrollieren, ihnen die Kleider vom Leib zu reißen und sie zu sexuellen Handlungen zu zwingen. Er will seine Opfer erniedrigen und setzt dazu rohe Gewalt sowie andere Mittel wie Urin, eine Flasche oder eine Schusswaffe ein. Ob das Töten des Opfers irgendwann Teil seiner Masterfantasie geworden war, lässt sich ohne die ehrliche Mitwirkung Chroms nicht ermitteln.

Wenn sich der Klient nicht authentisch auf eine Befragung einlässt und seine tatsächlichen sexuellen Wünsche verschweigt, kann man von dem Tatablauf auf seine sexuellen Bedürfnisse schließen. Beispielsweise wäre es unglaubwürdig, wenn Chrom beim Tatgeschehen sein Opfer schlagen, mit dem Tod bedrohen und zu sexuellen Handlungen zwingen würde, dann aber bei der Besprechung seiner sexuellen Masterfantasie angäbe, er genieße es, mit einer Frau eng umschlungen auf einem Schaffell vor dem Kamin zu kuscheln und ihren gesamten Körper mit Küssen zu bedecken. Dies könnte höchstens dann Sinn ergeben, wenn Chrom eine intensive Wut auf eine bestimmte Frau entwickelt hätte und diese dann aus Rache auch in sexueller Hinsicht erniedrigen wollte, darüber hinaus aber eigentlich Kuschelsex überaus erregend fände. Dies war bei Chrom jedoch nicht der Fall, weil er meist gar keine Beziehung zu den Frauen hatte, die er derart sexuell erniedrigte.

Kurz nach dem Tötungsdelikt vor 26 Jahren wurde Chrom von einem Gutachter, der inzwischen im Ruhestand war, zu seiner Straftat befragt. Diesem gegenüber gab er an, dass er die sexuellen Gewaltfantasien entwickelt habe, als seine Ehefrau sich vollkommen vor ihm zurückgezogen und sich ihm sexuell verweigert hätte. Er habe sich vorgestellt, Frauen zu fesseln und völlig zu kontrollieren. Die Angst, die er bei den Frauen ausgelöst habe, sei erregend für ihn gewesen. Die Fantasie hätte irgendwann nicht mehr ausgereicht und so habe er das erste Delikt begangen. Das Skript hätte sich dann durch die Vorstellung des Urinierens auf die Frauen erweitert. Das Töten sei nicht Teil seiner Fantasie, sondern nur eine mögliche Option gewesen. Bei späteren Befragungen mit anderen Gutachtern ließ sich Chrom nicht mehr aufrichtig auf das Gespräch ein, äußerte sich kaum noch zu seinen sexuellen Fantasien und erklärte die begangenen Delikte mit Beziehungskonflikten.

Interessant ist auch, was geschah, nachdem Chrom Barbara getötet hatte: Er verließ ihre Wohnung, lief durch die Straßen und attackierte eine ihm unbekannte Frau in einem Hauseingang. Diese wehrte sich und konnte fliehen. Chrom gab dazu an, dass er die Frau in seine Gewalt bringen und ebenfalls sexuell missbrauchen wollte. An diesem Geschehen wird deutlich, welche enorme Energie Chrom noch hatte, nachdem er Barbara über Stunden gequält und anschließend erwürgt hatte. Wahrscheinlich war dieses Erlebnis so berauschend für ihn, dass er solch einen erregenden Augenblick gleich noch einmal erleben wollte.

Aufgrund des Tatablaufs vermutete ich also, dass bei Chrom sexueller Sadismus vorlag. Ich wollte allerdings sichergehen und wendete ein psychologisches Testverfahren auf den Fall an: Die Wissenschaftler Nitschke und Mokros haben eine Liste an auffälligen Verhaltensweisen von gefährlichen Sadisten bei der Tatbegehung entwickelt und diese empirisch überprüft. Es handelt sich um die sexuelle Sadismus-Skala mit insgesamt elf Merkmalen. Bei einem Schwellenwert von vier – also wenn vier oder mehr Merkmale auf die zu beurteilende Person zutreffen – ist die Wahrscheinlichkeit hoch, dass es sich bei dieser Person um einen gefährlichen Sadisten handelt. Die Sensitivität des Instruments liegt bei 95 Prozent und die Spezifität bei 99 Prozent bei einem Schwellwert von vier erfüllten Kriterien. Das bedeutet, dass die Wahrscheinlichkeit, mit der eine Person, die tatsächlich ein Sadist ist, auch als ein solcher durch das Instrument entdeckt wird, bei 95 Prozent liegt (Sensitivität). Die Wahrscheinlichkeit, dass eine Person, die tastsächlich kein Sadist ist und auch als eine Person ohne sadistische Sexualpräferenz erkannt wird, liegt bei 99 Prozent (Spezifität).

Der Vorteil des Instruments ist, dass es nicht von der Aussage des Täters über seine sexuellen Fantasien abhängig ist, sondern ausschließlich Geschehnisse bei der Tatbegehung betrachtet. Man muss davon ausgehen, dass sich manche sadistischen Täter willentlich verstellen und versuchen, ihre wahren Absichten zu verbergen. Die einzelnen Handlungen und Vorgehensweisen bei der Tatbegehung verraten jedoch ihre eigentlichen Absichten und Präferenzen. Da wir bereits wissen, wie Chrom bei den insgesamt drei begangenen Straftaten vorgegangen ist, können wir die Sexuelle-Sadismus-Skala auf seinen Fall anwenden.

SEXUELLE-SADISMUS-SKALA (MOKROS ET AL., 2014)

- **Merkmal 1: sexuelle Erregung bei den Tathandlungen** → Dieses Merkmal trifft auf Chrom zu. Bei allen drei Tatbegehungen gibt es Hinweise darauf, dass Chrom sexuell erregt war, als er seine Opfer zum Oralverkehr und zur manuellen Stimulation zwang.
- **Merkmal 2: Machtausübung, Kontrolle, Dominanz** → Bei diesem Merkmal geht es darum, einzuschätzen, ob der Täter sein Opfer im übertriebenen Maße eingeschüchtert und damit ein extremes Machtgefälle aufgebaut hat. Dies ist bei Chrom der Fall, weil er seine Opfer teilweise eingesperrt, gefesselt und mit dem Tod bedroht hat. Er setzte übertrieben viel Gewalt ein und schlug seine Opfer brutal.

- **Merkmal 3: Quälen des Opfers** → Hier geht es darum, festzustellen, ob der Täter verschiedene Mittel eingesetzt hat, um bei seinem Opfer körperliches und psychisches Leiden zu erzeugen. Dies trifft auf Chrom zu. Er hat seine Opfer körperlich gequält, indem er sie massiv geschlagen und gewürgt hat. Psychische Qualen hat Chrom ebenfalls bei ihnen erzeugt, indem er sie angepinkelt, sie über Stunden zu sexuellen Handlungen gezwungen und mit dem Tod bedroht hat. Mit dem Einsatz dieser körperlichen und psychischen Mittel wollte Chrom eine extreme Angst-Reaktion bei seinen Opfern auslösen.
- **Merkmal 4: erniedrigendes, demütigendes Verhalten gegenüber dem Opfer** → Dieses Merkmal beschreibt die Absicht des Täters, intensive Gefühle von Scham und Ekel bei den Opfern auszulösen, um sie damit zu erniedrigen. Chrom setzte vor allem das Mittel des Urinierens, die Nötigung, seinen Urin zu trinken, und das wiederholte Kleider-vom-Leib-Reißen ein, um seine Opfer zu erniedrigen.
- **Merkmal 5: Verstümmelung von Geschlechtsorganen** → Chrom hatte die Genitalien oder Brüste seiner Opfer nicht verstümmelt und somit trifft das Merkmal nicht auf ihn zu.
- **Merkmal 6: Verstümmelung anderer Körperstellen oder -teile** → Chrom hat auch keine anderen Körperteile seiner Opfer verstümmelt.

- **Merkmal 7: Ausüben von exzessiver physischer Gewalt** → Bei diesem Merkmal geht es um die Frage, ob der Täter mehr Gewalt angewendet hat, als nötig gewesen wäre, um das Opfer zu kontrollieren. Dies war bei Chrom eindeutig der Fall.
- **Merkmal 8: Einführen von Gegenständen in Körperöffnungen des Opfers** → Dieses Merkmal beschreibt sowohl den Versuch als auch die tatsächliche Umsetzung (vor oder nach dem Tod der Opfer), Gegenstände in diverse Körperöffnungen einzuführen. Da Chrom bei einem seiner Opfer versucht hat, eine Weinflasche vaginal einzuführen, ist dieses Kriterium ebenfalls erfüllt.
- **Merkmal 9: ritualisierte Handlungen** → Bei Chrom liefen bestimmte Tatelemente drehbuchartig ab. Dazu zählten das wiederholte Herunterreißen der Kleidung, das Erzwingen von Oralverkehr und das Urinieren auf die Opfer.
- **Merkmal 10: Einsperren des Opfers/räumliche Nötigung** → Bei diesem Merkmal geht es um die Frage, ob der Täter seine Opfer über die erzwungene sexuelle Aktivität hinaus festgehalten und ihnen damit die Freiheit geraubt hat. Chroms Opfer waren jeweils über Stunden in seiner Gewalt (ein Opfer sogar zehn Stunden) und er hatte neben sexuellen Handlungen auch andere Formen der Gewalt und Erniedrigungen angewandt. Deswegen ist dieses Merkmal zutreffend.

- **Merkmal 11: Mitnahme von Trophäen** → Nach jetzigem Erkenntnisstand hatte Chrom keine Trophäen von den Opfern entwendet. Dazu würden beispielsweise persönliche Gegenstände oder Körperteile (wie Haarsträhnen) der Opfer oder Fotos und Videos vom Tathergang zählen.

Auf Chrom treffen insgesamt acht Merkmale der Sexuellen-Sadismus-Skala zu. Da sich der Schwellenwert des Instruments bei vier befindet, ist die Wahrscheinlichkeit hoch, dass es sich bei Chrom um einen sexuellen Sadisten handelt. Ich teilte also die Einschätzung, die meine Kollegin vor Gericht vertreten hatte.

Bei der Vorstellung, dass ich nun einen gefährlichen Sadisten als Klienten haben würde, gruselte ich mich etwas. Vor allem bereitete mir die Tatsache Sorgen, dass der letzte Gutachter sexuellen Sadismus als Diagnose abgelehnt hatte und Chrom bald aus der Sicherungsverwahrung entlassen werden sollte.

Gesprächsversuche über sexuell sadistische Fantasien

In der Woche nach dem Gerichtstermin kam Chrom zu seiner ersten therapeutischen Sitzung bei mir. Mit freundlichem und aufgewecktem Gesichtsausdruck saß er vor mir und sagte mit geschmeidiger Stimme: »Ich denke doch, dass wir gut zusammenarbeiten werden, oder? Ich habe schon so viele Jahre Therapie gemacht und war sogar selbst Therapeut. Deswegen weiß ich auch, wie sich das anfühlt.«

Ich wollte wissen, was es mit dieser Therapeuten-Geschichte auf sich hatte und fragte nach: »Wie kam es dazu, dass Sie Therapeut wurden? Was haben Sie da genau gemacht?«

Chrom lächelte und antwortete: »Ich habe meine eigenen Straftaten in diversen Therapiegruppen aufgearbeitet. Die Therapeuten waren zufrieden mit mir, aber anderen Gefangenen ist es deutlich schwerer gefallen, über ihre Straftaten zu sprechen. Deswegen habe ich von dem Psychologen, der die Gruppentherapie geleitet hat, den Auftrag erhalten, andere Gefangene auf die Gruppe vorzubereiten. Viele haben ihre Straftaten verharmlost oder haben nichts über die Details gesagt. Ich habe dann mit ihnen einzeln über ihre Taten gesprochen und immer weiter nachgehakt. Ich wollte genau wissen, warum sie so oder so bei der Tat vorgegangen sind. Wenn die Gefangenen es schafften, die Tat mit mir zu besprechen, dann ist es ihnen auch später in der Gruppe besser gelungen. Ich war sozusagen der Co-Therapeut, der das Vorgespräch mit den Gefangenen geführt hat.«

Ich war erstaunt zu hören, dass vorhergehende Psychologen Chrom eine solche Tätigkeit als Co-Therapeut anvertraut haben. In diesem Moment erinnerte ich mich an eine TV-Reportage mit dem Titel *Das Böse* (2012), die ich vor ein paar Jahren gesehen hatte. Darin wurde ein Gefangener vorgestellt, der in eine Therapiegruppe gemeinsam mit anderen Inhaftierten die begangenen Delikte detailliert besprochen hatte. Einige Monate später kontrollierte ein Beamter vom allgemeinen Vollzugsdienst routinemäßig das Zimmer des Gefangenen auf Drogen und unerlaubte Gegenstände. Dabei fand er in einer ausgehöhlten Buch-Attrappe das Tagebuch des Gefangenen. Als er auch dieses auf unerlaubte Substanzen untersuchte, fielen ihm auf zahlreichen Seiten Skizzen mit Folterszenen auf. Als er die Beschreibungen dazu las, wurde ihm klar, dass der Inhaftierte grausame sadistische Fantasien hatte. In der Dokumentation wurde der Gefangene befragt. Er erklärte sinngemäß: »Ich bin gern in die Gruppe für Sexualstraftäter gegangen. Wenn die anderen Männer von den von ihnen begangenen Vergewaltigungen erzählt haben und Schritt für Schritt ihre Tat durchgesprochen haben, war ich erregt. Ich habe mir jedes Detail gemerkt, aufgeschrieben und in meine eigenen sexuellen Fantasien eingebaut. Man könnte sagen, dass meine Fantasie durch die Berichte der Straftaten meiner Mitinsassen beflügelt wurde.«

Ob Chrom die Tatdetails seiner Mitinsassen wie der Gefangene in der TV-Reportage in seine eigenen Fantasien einbaute, lässt sich nicht aufklären. Doch in einer der folgenden Sitzungen fragte ich Chrom nach seiner Sexualität und seinen sexuellen Fantasien. Ich ging davon aus, dass er mir keine ehrliche Antwort geben würde, um seinen sexuellen Sadismus zu verstecken. Andererseits war Chrom ja der Ansicht, schon seit Jahren erfolgreich therapiert worden zu sein. Vielleicht würde ich also eine authentische und reflektierte Antwort von ihm erhalten. Ich fragte: »Wie sieht es mit dem Thema Sexualität bei Ihnen aus?«

Chrom winkte ab und antwortete: »Ach, da gibt es gar nichts mehr. Das ist kein Thema für mich.«

»Was bedeutet das genau? Wie stehen Sie zum Beispiel zu einer Partnerschaft?«

»Na ja, ich will keine Beziehung mehr. Da habe ich gar keine Lust drauf. Ich will einfach entlassen werden und endlich meine eigene Wohnung haben.«

»Momentan haben Sie ja auch wenig Gelegenheiten, jemanden kennenzulernen.«

»Ach, es würde da schon einige Frauen geben, die sich für mich interessieren«, sagte Chrom und lächelte. Dann erzählte er mir von Frauen, die ihm Briefe in die Haft geschickt hatten und sich gern mit ihm verabredet wollten, was er jedoch abgelehnt habe.

Ich wollte allerdings mehr zu seinen sexuellen Präferenzen und Fantasien erfahren, quasi zu des Pudels Kern vordringen. Also fragte ich Chrom, ob er sich manchmal selbst befriedige.

»Nein, das mache ich schon seit Jahren nicht mehr«, antwortete er.

»Wann und warum haben Sie denn damit aufgehört?«

»Ich weiß nicht mehr, wann ich damit aufgehört habe. Es ist wahrscheinlich schon einige Jahre her. Sie müssen das so verstehen: Ich habe das alles in eine Kiste gepackt und die Kiste fest verschlossen. Da gehe ich jetzt nicht mehr ran.«

»Okay, und was genau befindet sich in der Kiste?«

»Die Kiste ist ja verschlossen und deswegen schaue ich da auch nicht rein.«

»Und wer hat den Schlüssel für diese Kiste?«

»Ich habe den Schlüssel, aber ich schaue, wie gesagt, nicht rein.«

»Aber wenn Sie wollten, könnten Sie die Kiste aufschließen und reinschauen.«

»Ja, könnte ich.«

»Und was würde passieren, wenn Sie das täten?«

»Na ja, ich könnte kurz reinschauen und die Kiste dann wieder verschließen.«

»Also haben Sie die Kontrolle über diese Kiste.«

»Ja, habe ich.«

»Können Sie mir bitte beschreiben, was sich in dieser Kiste befindet?«

»Darüber möchte ich jetzt nicht sprechen. Ich habe schon so viele Jahre Therapie hinter mir. Irgendwann muss es auch mal gut sein. Da kann man nicht immer weiter drin rumrühren.«

»Dann äußere ich meine Vermutung, was in dieser Kiste steckt, und Sie sagen einfach, ob das stimmt.«

»Okay.«

»Ich glaube, dass in dieser Kiste Ihre persönlichen Fantasien sind, die Sie besonders sexuell erregend finden. Es befinden sich beispielsweise die Erinnerungen an die von Ihnen begangenen Sexualdelikte darin. Ist das richtig?«

»Ja«, antwortete Chrom, und ich konnte ein kleines Funkeln in seinen Augen entdecken. Chroms Blick war auffällig. Er hatte das typische Starren eines Psychopathen.

Aus heiterem Himmel sagte er während einer Therapiestunde zu mir: »Wissen Sie, es gibt ja so Clubs, in denen man sich sexuell ausleben kann.«

»Meinen Sie vielleicht BDSM-Clubs, in denen Menschen ihre sexuellen Vorlieben, wie zum Beispiel Fesselspiele und Schläge, einvernehmlich ausleben?«

»Ja, genau, solche Clubs. Das wäre dann aber einfach nicht dasselbe wie in echt.«

»Sie meinen damit, dass Sie dann nur eine Rolle spielen und keine echte Kontrolle über Ihr Gegenüber haben würden?«

»Richtig. Das würde mir nichts bringen«, antwortete er lächelnd.

Mit dieser Aussage bekannte sich Chrom dazu, dass einvernehmliche BDSM-Spiele, in denen er die dominante Rolle einnehmen würde, nicht ausreichend befriedigend für ihn wären. Nur echte Qualen seiner Opfer empfand er als lustvoll.

Während der langen Haftzeit hatte Chrom gelernt, sich sehr angepasst und gefällig zu verhalten, sodass man ihm sogar die Rolle als Co-Therapeut anvertraut hatte. Er trat anderen Menschen gegenüber freundlich, gelassen und höflich auf. In den Therapiestunden lachte er, scherzte viel und teilte Lebensweisheiten. Dabei zeigte er sogar Verständnis für die Schwierigkeit meiner Arbeit als Therapeutin in der Sicherungsverwahrung und gab mir Tipps: Ich solle mich nur auf die motivierten Klienten konzentrieren, die ihre Taten nicht leugneten. Die anderen Verwahrten seien noch nicht so weit und man würde sich nur an ihnen abarbeiten.

Die oberflächliche Anpassung Chroms stand im Widerspruch zu den Vorgängen in seinem Inneren. Während er kurz nach der Inhaftierung noch offen über seine sexuellen Fantasien gesprochen hatte und den Therapeuten gegenüber angab, dass er es lustvoll finde, Frauen zu erniedrigen, machte er später dazu kaum noch Angaben. Zudem zeigte er keinerlei Mitgefühl mit seinen Opfern. Besonders, wenn er von Barbara, seinem letzten Opfer, sprach, war kein Bedauern erkennbar, sondern er wirkte regelrecht fasziniert, wenn er von ihr und dem Tatgeschehen berichtete. Ein sehnsüchtiges Lächeln umspielte seine Lippen und er erzählte von dem Tötungsdelikt wie von einem romantischen Abend zu zweit. Einmal erwähnte er, dass er gern Barbaras Grab besuchen wolle.

Ich erschrak und fragte ihn, was er sich davon verspreche. Er schien mein Befremden nicht nachvollziehen zu können und sagte, dass sich Barbaras Todestag nähern würde. Die Tatsache, dass Chrom, der Barbara gefoltert und erwürgt hatte, nun auch noch deren Grab besuchen wollte, sprach für mich dafür, dass er die Tat in seiner Erinnerung zelebrierte. Sadisten sammeln häufig Trophäen, wie beispielsweise Schmuckstücke, Unterwäsche oder Haarsträhnen ihrer Opfer. Wie wertvolle Erinnerungsstücke betrachten und befühlen sie diese immer wieder und denken dabei an die Tat zurück, bei der sie Erregung und Macht empfunden haben. Der Besuch des Grabs eines seiner Opfer hätte bei Chrom wegen der Erinnerung an seine sadistischen Tathandlungen wahrscheinlich ähnliche Empfindungen ausgelöst. Ich weiß bis heute nicht, ob er sein Vorhaben in die Tat umgesetzt hat.

Chrom war deshalb so gefährlich, weil er sadistische Fantasien in Kombination mit psychopathischen Eigenschaften wie einen Mangel an Empathie, Reue und Gewissen aufwies. In einem älteren Gutachten wurde Chrom ein hoher Psychopathie-Wert bescheinigt. Doch Chrom hatte sich in den 26 Jahren Haft hervorragend angepasst und gelernt, den mitwirkungsbereiten und einsichtigen Klienten darzustellen.

Chrom kam leicht mit Fremden in Kontakt und betrachtete sich selbst als eine Art Hobbytherapeut. In Vorbereitung auf die Entlassung durfte Chrom bereits unbegleitete Ausgänge wahrnehmen. Dabei ging er auch in Cafés und kam mit verschiedenen Menschen, insbesondere mit Frauen, ins Gespräch.

Er erzählte mir in einer unserer Sitzungen, dass er sich vor Kurzem mit einer Frau in seinem Alter in einem Eiscafé getroffen habe. Diese habe ihm erzählt, dass sie sehr einsam sei und sich ihr Sohn fast nie bei ihr melden würde. Manchmal riefe er sie dann aber nachts an und würde sie grob beschimpfen. Ihr Sohn sei drogenabhängig. Chrom sagte, er habe der Frau erklärt, wie sie mit der Situation umgehen solle. Die Beschimpfungen des Sohnes solle sie sich nicht zu Herzen nehmen, da er in einer akuten Phase des Drogenkonsums gar nicht klar bei Verstand sei, wenn er so mit ihr rede. Eine gesunde und offenherzige Frau wie sie solle doch in einen Verein gehen und dort Leute kennenlernen. Sie habe nur das eine Leben und solle dieses so schön wie möglich gestalten.

Von solchen Begegnungen erzählte Chrom häufiger. Auch beim Personal der Einrichtung war er beliebt. Manche Mitarbeitende waren sogar der Ansicht, dass Chrom sich verändert hätte, »austherapiert« und nicht mehr gefährlich sei. Dies zeige sich ihrer Meinung nach darin, dass Chrom so reflektiert rede, eine gesunde Lebenseinstellung habe und sogar andere Menschen berate.

Ich hingegen war davon überzeugt, dass Chrom schon bei seinem ersten Delikt, als er die junge Frau aus der Kneipe in seine Wohnung gelockt und dann gequält hatte, über die Fähigkeit verfügt hatte, andere Menschen von sich zu überzeugen. Schon damals war er charmant gewesen und hatte auf sein späteres Opfer harmlos gewirkt, sonst wäre es nicht mit ihm mitgegangen.

Sexuelle Hochrisiko-Fantasien sind für Außenstehende nicht zu erahnen, wenn der Betroffene sie nicht mit ihnen teilt. Der charmanteste Mann mit den klügsten Lebensweisheiten und dem warmherzigsten Einfühlungsvermögen kann die tiefsten sexuellen Abgründe aufweisen, ohne dass wir davon irgendetwas bemerken. Sexuelle Präferenzen sind zudem sehr stabil und kaum veränderbar. Daher war ich der Ansicht, dass Chrom immer noch ein gefährlicher Sadist war – ein Sadist im Pelz eines Hobbytherapeuten.

Ein Sadist auf freiem Fuß

Ein neuer Gutachter sah dies jedoch anders und konnte keinen sexuellen Sadismus bei Chrom feststellen, obwohl ich eine ausführliche schriftliche Begründung für meine Diagnose niedergelegt hatte. Er schloss sich der Einschätzung des Vorgutachters an, dass es sich um eine haltschwache Persönlichkeitsstörung handele, und sprach sich für Chroms Entlassung aus der Sicherungsverwahrung aus.

Trotz meiner Bedenken, die ich dem Gericht gegenüber kommunizierte, wurde Chrom innerhalb eines Jahres entlassen. Bisher ist er, soweit mir bekannt, nicht strafrückfällig geworden. Allerdings habe ich noch heute ein schlechtes Gefühl, wenn ich an ihn denke. Ich kann mir nicht vorstellen, dass Chrom seine sexuellen Präferenzen in eine Kiste sperren und so für immer aus seinem Leben verbannen konnte. Sexualität ist einer der wichtigsten Energie- und Motivationsfaktoren für Menschen. Chrom müsste gänzlich auf Sex verzichten, um keine neuen Opfer mit dem Ausleben seiner sadistischen Vorlieben zu schädigen. Selbst »gespielter« gewalttätiger Sex, der letztlich doch einvernehmlich ist, würde ihn nicht befriedigen.

Sexuelle Fantasien zur Selbstbefriedigung, in denen er seine Opfer erniedrigt, könnten ebenfalls gefährlich sein, weil diese sich in ihrer Grausamkeit steigern und ihn zur Umsetzung in die Realität drängen könnten. Andererseits war Chrom über 50 Jahre alt und ein fortgeschrittenes Lebensalter mindert den Sexualtrieb. Zudem wirkten die langjährige Inhaftierung und Verwahrung wahrscheinlich so prägend und abschreckend auf Chrom, dass er eine erneute Inhaftierung nicht riskieren und die ihm verbleibende Lebenszeit in Freiheit verbringen wollte. Auch wenn er freundlich und zugewandt war und nicht wie andere Verwahrte die Einrichtung und die Mitarbeitenden ablehnte, traute ich ihm nicht und blieb ihm gegenüber verhältnismäßig distanziert.

Nach seiner Entlassung aus der Sicherungsverwahrung rief Chrom mich manchmal im Büro an. Einmal erzählte er mir, dass er eine neue Wohnung gefunden und eine kleine Katze habe. »Ich würde mich freuen, wenn Sie und Ihre Kollegin (seine Sozialarbeiterin) mich besuchen kommen würden.«

Im Rahmen der Nachsorge vereinbarten wir tatsächlich einen Termin mit Chrom, um ihn zu besuchen. Meiner Kollegin war bei dem Gedanken, in Chroms Wohnung zu gehen, genauso mulmig zumute wie mir. Wir sagten der Leitung der Einrichtung und unseren Familien Bescheid, wohin genau wir gehen würden, und machten aus, dass sie die Polizei rufen sollten, falls wir nach einer Stunde auf keinen Anruf reagieren würden. Zudem einigten wir uns auf das Codewort »Tomatensalat«, für den Fall, dass Chrom uns in seine Gewalt bringen und uns dazu zwingen würde, am Telefon so zu tun, als sei alles in Ordnung. Diese Maßnahmen waren in seinem Alter und bei einem Mann, der uns einfach nur zeigen wollte, wie er sich sein Leben nach langer Haftzeit inzwischen eingerichtet hatte, wahrscheinlich übertrieben. Andererseits war der Aufwand der Sicherungsmaßnahmen angemessen in Anbetracht der Schädigung, die meine Kollegin und ich im Falle eines Überfalls erlitten hätten, auch wenn die Wahrscheinlichkeit dafür gering war.

Wir trafen uns in einer Wohnsiedlung am Stadtrand. Chrom kam uns vor seinem Wohnblock entgegen, eine Zigarette rauchend. Meine Kollegin und ich warfen uns gegenseitig einen befremdeten Blick zu. Chrom hatte das Rauchen vor Jahrzehnten aufgegeben. Was hatte diese Zigarette um 9 Uhr morgens zu bedeuten?

Kurz bevor Chrom uns am Gartentor der Wohnanlage abholte, warf er den Zigarettenstummel weg, verzog den Mund zu einem breiten Lächeln und begrüßte uns mit Handschlag. Wir folgten ihm durchs Treppenhaus in seine kleine Wohnung. Sie war überheizt, roch nach Kaffee, und es gab einen großen Fernseher und ein gemustertes Sofa, auf das meine Kollegin und ich uns setzten. Wir nahmen die angebotenen Getränke nicht an. Mit leicht belegter Stimme erzählte Chrom uns davon, wie er die Wohnung gefunden hatte und wie es ihm nun in Freiheit ergehe. Meine Kollegin fragte nach der kleinen Katze, von der Chrom auch ihr am Telefon erzählt hatte. Kurz flackerte Chroms Glitzerblick auf: »Ach, die Katze hatte ich nur ganz kurz. Die habe ich wieder zurückgegeben. Sie hat die ganze Nacht miaut und wollte zurück zu ihrer Mutter.«

Nach einer Dreiviertelstunde bedankten wir uns bei Chrom und verließen seine Wohnung. Wir riefen unsere Kollegen in der Sicherungsverwahrung und unsere Familien an, um ihnen mitzuteilen, dass wir Chroms Wohnung wohlbehalten verlassen hatten, und fühlten uns erleichtert.

PÄDOPHILE HOCHRISIKO-FANTASIEN

In der Sicherungsverwahrung gab es nicht nur Männer mit sadistischen oder Vergewaltigungsfantasien, sondern auch Täter, die Kinder sexuell missbraucht hatten. Deren deviante sexuelle Fantasie bestand darin, mit einem Kind Geschlechtsverkehr zu haben oder andere sexuelle Handlungen mit ihm vorzunehmen. Manche Täter waren dabei ausschließlich auf Jungen fixiert und andere auf Mädchen. Wie bereits beschrieben, reicht die bloße Fantasie, sexuelle Handlungen mit Kindern vorzunehmen, noch nicht aus, um tatsächlich als Hochrisiko-Fantasie eingeordnet zu werden. Erst wenn die bildlichen Vorstellungen des Missbrauchs häufig und in verschiedenen Situationen auftreten und der Betroffene verzerrte Glaubenssätze verinnerlicht hat oder einen Mangel an Empathie zeigt, gelten sie als solche. Daher sind Menschen mit Hochrisiko-Fantasien häufig Psychopathen und Narzissten.

Einer meiner pädophilen Klienten in der Sicherungsverwahrung war weder Narzisst noch Psychopath, wies aber einen starken Mangel an Empathie und verzerrte Glaubenssätze auf. Ich nenne ihn hier »Niob«. Er war kernpädophil, was bedeutete, dass er sich sexuell ausschließlich für Kinder im Alter von acht bis zwölf Jahren interessierte und überhaupt kein sexuelles Interesse an Erwachsenen hatte. Dabei war er nur auf

Mädchen ausgerichtet und stellte sich wiederholt und regelrecht dranghaft vor, mit ihnen Geschlechtsverkehr zu haben.

Diese Fantasie wollte Niob in der Realität ausleben und begann, Mädchen seiner präferierten Altersgruppe auf Spielplätzen anzusprechen. Niob überredete seine Opfer zu einem Spiel mit einem eigens dafür entwickelten Würfel. Dieser zeigte nicht die Zahlen von 1 bis 6, sondern verschiedene Aufgaben, wie zum Beispiel »Küssen«, »Ausziehen«, »Streicheln«, »Geschlechtsverkehr«. Manche Mädchen spielten zunächst mit, verweigerten sich dann aber bei Anweisungen, die ihnen unangenehm waren.

Niob respektierte dies, wurde aber nach unzähligen erfolglosen Versuchen, Geschlechtsverkehr mit einem Mädchen zu haben, immer frustrierter. Die reizvollste sexuelle Fantasie, die er sich immer wieder vorstellte und in die Tat umsetzen wollte, war der »freiwillige« Geschlechtsverkehr mit einem Mädchen im Alter von zehn Jahren. Niob fand kein Kind, dass sich darauf einließ, obwohl er es häufig probierte. Als erneut ein neunjähriges Mädchen die auf dem Würfel beschriebene Handlung »Geschlechtsverkehr« ablehnte, setzte Niob seine Wünsche diesmal rücksichtslos durch und vergewaltigte das Kind.

Diese Erfahrung war für ihn so befriedigend, dass er sie immer wieder erleben wollte. Innerhalb von einem Jahr vergewaltigte er fünf Mädchen im vorpubertären Alter, bis er schließlich als Täter identifiziert, festgenommen und verurteilt wurde.

Neben den pädophilen sexuellen Fantasien hatte Niob auch verzerrte Glaubenssätze, die er in der Therapie preisgab. Er war der Ansicht, dass er den Mädchen keinen Schaden zufügte, solange er sie nicht körperlich verletzte. Über das Trauma, das er mit seinen Übergriffen bei den Kindern verursachte, hatte er sich keine Gedanken gemacht. Erst in der Psychotherapie begann er, zu verstehen und auch gefühlsmäßig nachzuvollziehen, welches Leid er bei den Kindern und deren Familien erzeugt hatte. Er war einer der wenigen Untergebrachten, die regelmäßig Schmerzensgeld an ihre Opfer zahlten. Auch war ihm daran gelegen, nicht mehr strafrückfällig zu werden. Deswegen war er dazu bereit, seine Sexualität komplett aufzugeben. Er wollte in Freiheit leben, ohne Gefahr zu laufen, wieder ein neues Opfer zu schädigen.

Da eine sexuelle Umorientierung auf erwachsene Frauen oder Männer bei Kernpädophilen nicht möglich ist, hilft nur die Herabsetzung des Sexualtriebs. Niob erklärte sich damit einverstanden, triebdämpfende Medikamente zur Verringerung der sexuellen Begierde einzunehmen. Wenn man sich sexuelle Fantasien als einen Film vorstellt, der mit 100 Prozent Bildschärfe und Helligkeit auf einer Kinoleinwand abgespielt wird, sorgen die triebdämpfenden Medikamente dafür, dass die Helligkeit und Schärfe des Films auf etwa 20 Prozent reduziert werden, sodass man kaum noch Lust hat, den Film zu sehen.

Niob empfand die triebdämpfende Medikation als Erleichterung. Zum einen, weil er sich dadurch sicherer fühlte, dass er kein Kind mehr missbrauchen würde, und zum anderen, weil er seinen starken sexuellen Drang als Belastung erlebt hatte. Er erzählte mir, dass er mehrfach täglich masturbiert und dadurch kaum Zeit für Freizeitaktivitäten gehabt habe. Mithilfe der triebdämpfenden Medikation könne er sich sowohl bei der Arbeit als auch in der Freizeit besser konzentrieren und Hobbys wie Puzzeln und Gartenarbeit nachgehen.

Niobs Therapieaussichten waren auch deshalb vielversprechend, weil er nicht nur die Medikamente nahm, sondern auch gewillt war, seine sexuellen Hochrisiko-Fantasien zu bearbeiten, indem er seine verzerrten Glaubenssätze auflöste und Empathie für seine Opfer entwickelte. Wäre Niob ein gewissenloser Psychopath gewesen, wäre eine Therapie wahrscheinlich erfolglos geblieben und hätte seine Gefährlichkeit nicht reduzieren können.

CHECKLISTE SEXUELLE HOCHRISIKO-FANTASIE: WORAN ERKENNEN WIR MENSCHEN MIT GEFÄHRLICHEN FANTASIEN?

Wir haben den gefährlichen Sadisten Chrom und den pädophilen Niob kennengelernt. Beide haben wiederholt andere Menschen geschädigt, um ihre devianten sexuellen Fantasien in der Realität ausleben zu können.

Doch woran können wir Menschen mit gefährlichen Hochrisiko-Fantasien im Alltag erkennen? Wie bereits beschrieben, ist es kaum möglich, etwas über die sexuellen Vorstellungen eines anderen Menschen zu erahnen, wenn dieser sich nicht freiwillig dazu äußert. Daher ist es hilfreich, wenn wir uns bei der Einschätzung, ob ein Mensch gefährlich sein könnte, hauptsächlich an den Kriterien für psychopathische Persönlichkeiten orientieren. Es gibt jedoch Hinweise, die dafür sprechen, dass unser Gegenüber sexuelle Hochrisiko-Fantasien haben könnte:

1. **Unangemessene Einstellungen und Überzeugungen:** Männer, die bereits Sexualstraftaten begangen haben, äußern häufiger problematische Einstellungen in Bezug auf ihre Opfer und die Hintergründe der sexuellen Übergriffe. Sie bagatellisieren die begangenen Straftaten und verdrehen die Verantwortlichkeit, indem sie ihr eigenes Verhalten entschuldigen und die Opfer beschuldigen. Es gibt zahlreiche Aussagen, die diese unangemessenen Einstellungen verdeutlichen, wie beispielsweise: »Oft fordern Frauen eine Vergewaltigung durch ihre äußere Erscheinung oder ihr Verhalten heraus«, »Jede Frau, die einen Mann ›anmacht‹, ohne die geweckten Wünsche zu befriedigen, legt es geradezu darauf an, vergewaltigt zu werden«, »Keine gesunde, erwachsene Frau, die sich energisch zur Wehr setzt, kann von einem unbewaffneten Mann vergewaltigt werden«. Diese verzerrten Annahmen habe ich bereits in der Vergewaltigungsmythen-Aktzeptanzskala (VMAS) dargelegt. Wenn eine Person solche Aussagen trifft, deutet das darauf hin, dass erste Schritte in Richtung der Legitimation eines Sexualdelikts vollzogen worden sind. Sie gelten deshalb als Warnzeichen.

2. **Sozialer Rückzug in die digitale Welt:** Wenn sich Menschen über längere Zeiträume von ihren sozialen Kontakten und Freizeitaktivitäten zurückziehen und sogar ihre Pflichten vernachlässigen, ist dies generell

kein gutes Zeichen. Die Betroffenen können antriebslos, depressiv oder sogar suizidal sein. Um herauszufinden, was genau in ihnen vorgeht, wäre es wichtig zu erfahren, was sie allein in ihrem Zimmer machen und welche digitalen Inhalte sie konsumieren. Die Möglichkeiten von Online-Aktivitäten mit sexuellen Inhalten sind vielfältig und erstrecken sich vom Konsum erotischer Anime-Serien (*Hentai*) über die (exzessive) Nutzung von Pornografie mit zunehmend devianten Inhalten bis hin zur Anbahnung sexueller Kontakte mit Minderjährigen, auch Cybergrooming genannt. Im schlimmsten Fall werden Sexualstraftaten vorbereitet. Betroffene werden wahrscheinlich nicht unbedingt ehrlich über ihre digitalen Aktivitäten reden, vor allem dann nicht, wenn sie Kinderpornografie konsumieren oder andere Menschen stalken. Daher sollten wir als Familienmitglieder, Freunde und Partner von potenziell betroffenen Personen wachsam und kritisch bleiben. Vielleicht erhaschen wir einen Blick auf den Bildschirm oder sogar auf den Internetbrowserverlauf und können daraus ableiten, ob das Verhalten des Betroffenen harmlos, kritisch oder sogar gefährlich ist.

3. **Inmitten eines Kinderschwarms:** Männer, die pädophile Neigungen haben, umgeben sich häufig mit Kindern. Einer meiner Klienten in der Sicherungsverwahrung, der angab, hunderte Jungen sexuell missbraucht zu

haben (er verharmloste den Missbrauch, indem er ihn als »erotische Spielereien« bezeichnete), hatte täglichen Kontakt mit Jungen. Er war Leiter eines Pfadfindervereins und auch im Rentenalter verbrachte er viel Zeit mit Jugendlichen, für die er kochte und mit denen er in den Urlaub fuhr. Die Jungen, die er missbrauchte, brachten ihre Freunde mit zu ihm und vergrößerten so seinen Opferkreis. Ein weiterer Täter, der sehr medienwirksam war, ist Andreas V., der Haupttäter des Missbrauchsfalls Lügde. Der alleinstehende und arbeitslose Dauercamper missbrauchte 40 Kinder mehrfach und fertigte pornografisches Material von ihnen an. Auf dem Campingplatz schöpfte niemand Verdacht, dass es sich bei dem Mann, der Ponyreiten und Kinderfeste organisierte, um einen gefährlichen Sexualstraftäter handeln könnte. Eine Mutter vertraute ihm sogar über mehrere Jahre hinweg ihre Tochter an, die er als Pflegekind bei sich aufnahm. Andreas V. war ständig von Mädchen im Alter von vier bis dreizehn Jahren umgeben. Man hielt ihn für einen Mann, der einfach gut mit Kindern umgehen konnte und bei ihnen beliebt war. Diese fatale Fehleinschätzung trug dazu bei, dass Andreas V. zehn Jahre lang über 1000 Fälle von sexuellem Missbrauch begehen konnte. Ein Mann, der sich in seiner Freizeit ständig mit einer Schar Kinder umgibt, sollte kritisch beobachtet und im Falle von eindeutigen Beweisen bezüglich sexueller Übergriffe sofort angezeigt werden.

FASZINATION DOMINANZ

Nach all dem, was wir über Narzissten, Psychopathen und Sadisten erfahren haben und schon vorher intuitiv über sie wussten, müssten wir eigentlich sofort Reißaus nehmen, sobald wir Warnzeichen für eine gefährliche Persönlichkeit bei jemandem erkennen. Doch paradoxerweise fühlen wir uns manchmal besonders zu solchen extremen Charakteren hingezogen.

Dies liegt vor allem daran, dass Menschen mit psychopathischen oder narzisstischen Persönlichkeiten oftmals unterhaltsam, aufregend und charmant sind. Wir fühlen uns in ihrer Gegenwart besonders lebendig und sind sogar fasziniert von ihnen, weil sie auf erfrischende Weise anders wirken als alle Menschen, denen wir bisher begegnet sind. Psychopathen und Narzissten haben oftmals eine Gemeinsamkeit: Es handelt sich um dominante Personen, die ihre eigenen Bedürfnisse in den Vordergrund stellen und dabei rücksichtslos ihre Interessen durchsetzen. Gleichzeitig sind sie sehr gut darin, ihre Mitmenschen zu manipulieren und für sich einzunehmen.

Dominanz ist eine Eigenschaft, die bei der Partnerwahl auf heterosexuelle Frauen besonders anziehend wirkt. Es gibt auch Männer, die sich zu durchsetzungsstarken Frauen hingezogen fühlen, oder Menschen mit einer nichtheterosexuellen Orientierung, die generell dominante Personen attraktiv finden. Die folgenden Erklärungen fokussieren sich jedoch aus verschiedenen Gründen vornehmlich auf heterosexuelle Frauen und deren Vorlieben bei der Partnerwahl. Zum einen wurden die Partnerwahlstrategien von Frauen in Hinblick auf männliche Dominanz besonders gut erforscht und mit zahlreichen Studien belegt. Zum anderen sind sehr gefährliche Personen mit extremen Persönlichkeiten häufiger männlich als weiblich, und deswegen sind heterosexuelle Frauen besonders gefährdet, an den falschen Mann zu geraten.

DIE ANZIEHUNGSKRAFT MÄNNLICHER DOMINANZ UND DURCHSETZUNGSFÄHIGKEIT

Es erscheint paradox, aber Frauen finden dominante Männer mit auffälligen Persönlichkeiten (zum Beispiel Narzissten) oft besonders attraktiv; eine Tatsache, die ihnen leicht zum Verhängnis werden kann. *Nice Guys*, also nette Männer, werden oftmals als langweilig abgestempelt und nicht für eine Partnerschaft in Erwägung gezogen, wohingegen sogenannte *Bad Boys* als geheimnisvoll und sexuell anziehend gelten.

Man könnte evolutionäre Ansätze zur Erklärung dieses Phänomens heranziehen: Die Frauen, die momentan die Erde bevölkern, sind die Nachkommen aller weiblichen menschlichen Wesen, denen es in der Vergangenheit gelungen ist, gesunden, reproduktionsfähigen Nachwuchs hervorzubringen. Daher verhalten sich gegenwärtig lebende Frauen entsprechend einem evolutionären Programm für die Partnerwahl, das sich über Jahrtausende hinweg bewährt hat, um überlebensfähigen Nachwuchs zu erschaffen. Auch wenn sich die medizinischen und gesellschaftlichen Bedingungen in den vergangenen Jahrzehnten gravierend verändert haben, läuft das Partnerwahlprogramm weiterhin ähnlich ab wie bei früheren Generationen. Dieses evolutionäre Programm trägt für Frauen den Leitsatz: »Sei besonders wählerisch und lass dich nur auf die besten Männer ein«, während es für Männer lautet: »Habe mit allen Frauen Sex, die du kriegen kannst.«

Diese geradezu gegensätzlichen Partnerwahlstrategien zwischen den Geschlechtern sind auf die unterschiedlichen Investitionen im Falle einer Elternschaft zurückzuführen: Frauen müssen weitaus mehr Zeit, Energie und Ressourcen in ihren Nachwuchs investieren als Männer: Sie sind etwa 40 Wochen lang schwanger und müssen das Kind anschließend über mehrere Monate stillen. Daher wählen sie ihre Sexualpartner mit Bedacht und vermeiden instinktiv Männer mit schlechteren Genen, um nicht Gefahr zu laufen, ein Kind mit schwachem Immunsystem und schlechten Überlebenschancen zu bekommen.

Männer hingegen können theoretisch beinahe unbegrenzt viele Kinder mit unterschiedlichen Frauen zeugen. Sollten sie dabei eine Partnerin wählen, die kein gesundes, reproduktionsfähiges Kind zur Welt bringt, ist der Geschlechtsverkehr mit ihr nicht von großem Nachteil, weil Männer ihre Gene jederzeit »streuen« und beliebig viele andere Frauen schwängern können.

Frauen sind also das Geschlecht, das weitaus wählerischer ist. Aber worauf genau achten sie bei der Partnerwahl? Oder anders gefragt: Woran machen Frauen »gute Gene« bei Männern aus? Muskulöse Körper, tiefe Stimmen, maskuline Gesichtszüge, Durchsetzungsstärke und Dominanz wirken in sexueller Hinsicht wie ein Magnet auf Frauen. Diese Eigenschaften haben vor allem Männer mit hohem Testosteronspiegel, den sie sich nur leisten können, wenn sie ein starkes Immunsystem haben, weil eine hohe Konzentration des Hormons das Immunsystem schwächt. Die als besonders männlich wahrgenommenen Eigenschaften deuten somit auf Gesundheit und gutes Genmaterial hin, haben aber eine Kehrseite. Denn durchsetzungsstarke Muskelprotze könnten potenziell gefährlich für Frauen sein, weil sie mitunter dazu neigen, ihre Partnerinnen kontrollieren und beherrschen zu wollen. Auch besteht die Gefahr, dass sie ihr Dominanz- und Aggressionspotenzial gegen ihre Partnerinnen oder sogar gegen ihre Kinder richten. Zudem sind attraktive Männer mit maskulinen Gesichtszügen und durchtrainierten Körpern oftmals für viele Frauen attraktiv und können entsprechend ihrem männlichen Evolutionsprogramm zu notorischen Fremdgehern werden, was wiederum ihre Partnerinnen verletzt.

Wegen eben dieser Kehrseiten männlicher Dominanz haben Frauen im Laufe der Evolution Partnerwahlstrategien entwickelt, mit denen sie die Vorteile dieser Eigenschaften für sich nutzen und die Gefahren weitestgehend von sich abwenden können.

Dominante Männer nur für kurze Affären

Sowohl Männer als auch Frauen wählen Partner/-innen mit unterschiedlichen Eigenschaften, je nachdem, ob sie nach einer stabilen Langzeitbeziehung oder kurzen Affäre Ausschau halten. Beispielsweise werden Männer zunehmend wählerischer, was die Attraktivität ihrer Partnerinnen betrifft, wenn sie sich nach einer stabilen Beziehung umsehen.

Frauen bevorzugen liebevolle und fürsorgliche Männer, die bereits einen gehobenen Status erreicht haben (oder diesen potenziell erreichen könnten) als Langzeitpartner. Er verfügt beispielsweise über ein geregeltes Einkommen oder ein hohes Ausbildungsniveau, was ihm ermöglicht, zukünftig einen gut bezahlten Job auszuüben. Gleichzeitig ist er dazu bereit, seine Ressourcen mit seiner Partnerin und dem eventuellen gemeinsamen Nachwuchs zu teilen, weil es sich um einen Mann mit einem verträglichen und weniger dominanten Charakter handelt. Aufgrund dieser Eigenschaften ist er seiner Partnerin gegenüber loyal und neigt tendenziell weniger dazu, fremdzugehen.

Für Kurzzeitbeziehungen, also für One-Night-Stands oder gelegentliche Affären, bevorzugen Frauen Männer mit anderen Eigenschaften. In diesem Fall erscheinen dominante Männer besonders begehrenswert, weil ihr durchsetzungsstarkes Verhalten, neben sehr maskulinen körperlichen Attributen, für ein gesundes Immunsystem und damit für gute Gene spricht. Da Frauen einen sehr dominanten Mann jedoch nicht für eine Langzeitbeziehung, sondern nur für eine Affäre auswählen, müssen sie nicht befürchten, von ihm im Alltag beherrscht, betrogen oder geschlagen zu werden. Die Beziehung zu diesem

Mann bleibt ein kurzes Abenteuer, aus dem möglicherweise ein gesundes, immunstarkes Kind hervorgeht.

Mit dieser »gemischten Strategie« bei der Partnerwahl für verschiedene Beziehungsarten sichern Frauen sich sowohl die stabile Zuneigung eines zuverlässigen Partners, der für sie und ihre Familie Verantwortung übernimmt, als auch »gute Gene« für einen Teil ihrer Kinder.

Diese evolutionäre Theorie der menschlichen Partnerwahlstrategien klingt teilweise unmoralisch und rückständig und löst bei manchen vielleicht Empörung aus. Sie kann aber in Ansätzen erklären, warum sich viele Frauen sexuell zu risikoaffinen Rowdies, durchsetzungsstarken Machos und manchmal sogar zu gefährlichen Kriminellen hingezogen fühlen.

Magnetismus der Persönlichkeiten: Wer sich besonders von dominanten Partnern angezogen fühlt

Bestimmte Persönlichkeitstypen scheinen sich wechselseitig geradezu anzuziehen. So konnte ich in einer Studie zeigen, dass sich Frauen, die eher ängstlich sind, einen dominanten Mann als Partner wünschen. Wahrscheinlich versprechen sie sich von einem solchen Mann, dass er ihnen Schutz bieten kann und ihnen bei Entscheidungen im Alltag hilft. Ängstlichere Menschen befürchten oft, von wichtigen Bezugspersonen wie Lebenspartnern verlassen zu werden, und sind daher darauf bedacht, sich kompromissbereit und verträglich zu zeigen, um die Partnerschaft aufrechtzuerhalten. Dominante Männer hingegen stellen ihre eigenen Bedürfnisse in den Vordergrund und profitieren daher von einer eher zurückhaltenden und anpassungsbereiten Partnerin. In diesem Fall ziehen sich gegensätzliche Charaktere an.

Auf der anderen Seite finden sich Menschen gegenseitig anziehend, die einander ähneln. So konnte ich in der oben genannten Studie auch zeigen, dass sich sogenannte *Sensation Seeker*, also Menschen, die gerne Risiken eingehen, Abenteuer und aufregende Erfahrungen mögen und alles andere als ängstlich sind, besonders zu dominanten Partnern hingezogen fühlen. Dieses Studienergebnis gilt sowohl für Männer als auch für Frauen.

FASZINATION FÜR GEFÄHRLICHE MÄNNER IN HAFT

Das Interesse mancher Frauen an potenziell gefährlichen Männern mit extremen Persönlichkeitseigenschaften geht sogar so weit, dass sie sich gezielt einen inhaftierten Mann als Partner aussuchen. Da sie sich selbst und ihre Familie mit dieser Partnerwahl in Gefahr bringen, erscheint diese Entscheidung kaum nachvollziehbar. Der Wunsch nach einer Beziehung mit einem gefährlichen Mörder oder Vergewaltiger kommt zwar selten vor, aber immer noch überraschend häufig, wenn wir uns beispielsweise die Fanpost von berühmten Verbrechern ansehen. Besonders brutale Serienmörder wie beispielsweise Ted Bundy, Ricardo Ramirez (der *Night Stalker*), Charles Manson oder der Massenmörder Anders Breivik erhielten ganze Berge an Liebesbriefen von Frauen, die sich zu ihnen hingezogen fühlten. Manche Verehrerinnen heirateten diese gefährlichen Männer sogar.

Hinter dem Interesse an gefährlichen Menschen kann sich eine von der Norm abweichende sexuelle Neigung verbergen, die sich »Hybristophilie« nennt. Menschen mit dieser Vorliebe fühlen sich von Gewalt- und Sexualstraftätern in sexueller Weise erregt. Von dieser Neigung sind Frauen häufiger betroffen als Männer. Dies hat wahrscheinlich mit der bereits beschriebenen Evolutionstheorie zur Partnerwahl zu tun. Gewalttätige Männer, die bereits einen anderen Menschen getötet oder verletzt haben, erscheinen als hypermaskulin. Sie haben unter Beweis gestellt, dass sie sich gegen andere Männer behaupten und ihre eigenen Interessen durchsetzen können.

Das sexuelle Interesse an Straftätern, die ausschließlich Vergewaltigungen begangen und damit gezielt Frauen geschädigt haben, kann mit dieser Theorie der »Hypermaskulinität« allerdings eher nicht erklärt werden. Die Brutalität und das extreme Gewaltpotenzial sollten sich demnach schließlich nicht gegenüber Frauen oder Kindern entladen, sondern Schutz vor männlichen Angreifern bieten. Frauen, die dennoch mit einem inhaftierten Vergewaltiger liiert sind, betrachten ihren Partner oftmals als unschuldiges Opfer der Justiz oder verharmlosen seine Tat, indem sie beispielsweise dem Opfer die (Teil)Schuld an dem Delikt geben oder das Sexualdelikt ihres Partners als einmaligen Ausrutscher betrachten.

Über einen solchen Fall berichtete beispielweise Elisabeth Pfister in ihrem Buch *Wenn Frauen Verbrecher lieben* (Ch. Links Verlag, 2013). Die 41-jährige Bettina B. lernte über eine Kontaktanzeige den Gefangenen Hans-Dieter kennen. Dieser wurde zu einer lebenslangen Freiheitsstrafe verurteilt, weil er ein neunjähriges Mädchen vergewaltigt und ermordet hatte.

Hans-Dieter war zum Zeitpunkt der Tat verheiratet gewesen, hatte ein Kind und arbeitete als Dachdecker. Er besuchte das Sommerfest eines Freundes, bei dem sich auch die neunjährige Susanne, die Tochter einer Nachbarin, aufhielt. Das Mädchen war seit seiner Geburt geistig behindert, ein Auge war aufgrund einer Sehkorrektur abgeklebt und es trug eine Brille. Arglos ließ sich Susanne von Hans-Dieter zu einem nahe gelegenen Feld führen. Dort vergewaltigte er das Kind und trat ihm danach wiederholt mit seinen Stiefeln ins Gesicht, was zu Susannes Tod führte. Der zuständige Gerichtsmediziner gab später an, dass er noch nie zuvor ein derart schlimm zugerichtetes Kind gesehen habe. Nach der Tat ging Hans-Dieter zurück zum Fest. Seine Kleidung war blutverschmiert und er behauptete, dass er sich auf der Straße mit einem Kumpel geprügelt hätte. Erst später wurde bemerkt, dass das Mädchen verschwunden war. Noch in derselben Nacht wurde Hans-Dieter festgenommen.

Bettina, die zunächst als Brieffreundin mit Hans-Dieter in Kontakt getreten war, hatte selbst eine neunjährige Tochter mit einer Behinderung. Nach mehreren sonntäglichen Besuchen in der Justizvollzugsanstalt verliebten Bettina und Hans-Dieter sich ineinander und wurden ein Paar. Beide wollten auch das Familienzimmer der Haftanstalt nutzen, um ungestört miteinander reden und intim sein zu können. Um die Genehmigung dafür zu erhalten, mussten sie ein Gespräch mit dem für Hans-Dieter zuständigen Sozialarbeiter führen. Dieser wollte Bettina mit den Details des Verbrechens konfrontieren, das Hans-Dieter begangen hatte, damit ihr klar wurde, mit wem sie sich da für mehrere Stunden in ein Zimmer einschließen lassen würde.

Zu seiner Überraschung wusste Bettina bereits, dass sich Hans-Dieter an einem Mädchen vergangen und es totgetreten hatte. Als der Sozialarbeiter ihr weitere Details zur Tat berichtete, sagte sie: »Er ist so ein lieber Mensch. Ich traue ihm eine solche Tat gar nicht zu.«

In einem Vermerk der Gerichtsakte hieß es: »Frau B. hat keine Angst vor dem Inhaftierten. Sie liebe ihn. Sie glaube, dass es sich bei dieser Tat um eine absolute Ausnahmesituation gehandelt habe. Eine ähnliche Konstellation, geschweige denn eine Wiederholung, schließe sie aus.« Das Paar bekam die Erlaubnis, das Familienzimmer, das einen Alarmknopf für Notfälle hatte, für mehrere Stunden ohne Aufsicht zu nutzen. Dies taten sie dann über fünf Jahre hinweg insgesamt 74-mal. Der Sozialarbeiter hatte einen positiven Eindruck von der Beziehung der beiden. Das Paar hätte einen herzlichen, aber nicht übertrieben gefühlvollen Umgang miteinander gehabt.

An einem Sonntag, als das Paar abermals das Familienzimmer nutzte, überwältigte Hans-Dieter Bettina plötzlich, sodass sie nicht in der Lage war, den Alarmknopf zu drücken oder zu schreien. Spätere Rekonstruktionen der Tat ergaben, dass Hans-Dieter Bettina in einem vorausgeplanten Gewaltexzess getötet hatte. Laut Obduktionsbericht trat ihr Tod durch Strangulation ein.

Der Sicherheitsbeamte, der nach Ablauf der genehmigten Zeit das Zimmer betrat, fand Bettinas Körper nackt und blutüberströmt unter einem Tuch vor. Die Leichenstarre war bereits eingetreten. Neben ihrer Leiche befanden sich der Griff eines abgebrochenen Steakmessers und ein Radmutterschlüssel mit Blut daran. Beide Gegenstände gehörten nicht zur Küchenausstattung des Besuchsraums. Die Analyse der Spermareste ergab, dass sich Hans-Dieter an Bettina vergangen hatte, als sie bewusstlos oder bereits tot war. Er selbst hatte sich nach dem Mord in suizidaler Absicht Verletzungen an den Unterarmen zugefügt, überlebte jedoch.

Es fällt wahrscheinlich schwer, nachzuvollziehen, warum sich Bettina auf einen Mann eingelassen hatte, der ein Kind im Alter ihrer eigenen Tochter brutal vergewaltigt und getötet hatte. Für die meisten Menschen sind solche extremen Gewalttaten unbegreiflich und sie können sich nicht in die Motivlage des Täters hineinversetzen. So ist es wahrscheinlich auch Bettina ergangen. Sie nahm Hans-Dieter als einen attraktiven, sympathischen und warmherzigen Mann wahr, in den sie sich verliebte. Die grausame Straftat konnte sie nicht mit ihrer Wahrnehmung von Hans-Dieter in Einklang bringen, sodass sich bei ihr ein Gefühlszustand einstellte, der als »kognitive Dissonanz« bekannt ist. Das Phänomen der kognitiven Dissonanz bildet sich aus, wenn ein Mensch unterschiedliche, schwer vereinbare Gedanken, Gefühle und Wahrnehmungen zu einer Person oder einem Sachverhalt hat. Dieser Gefühlszustand ist unangenehm, sodass wir danach streben, die kognitive Dissonanz zu reduzieren.

Bettina versuchte, die widersprüchlichen Informationen über Hans-Dieter für sich aufzulösen, indem sie die von ihm begangene Tat als etwas »Einmaliges« und »nicht zu Hans-Dieter Gehörendes« einordnete. Mit dieser Interpretation fühlte sie sich sicher und konnte die Liebesbeziehung zu ihm aufrechterhalten. Eine Recherche zu forensisch-psychologischen Themen wie Psychopathie oder gefährliche sexuelle Fantasien hätte ihre Entscheidung bezüglich Hans-Dieter vielleicht beeinflusst. Vielleicht hätte sie mit diesem Wissenstand zuerst allein mit dem Sozialarbeiter von Hans-Dieter gesprochen, Details zu Biografie und Persönlichkeit ihres Freundes erfahren und wäre dann zu dem Schluss gekommen, die Beziehung zu ihm zu beenden beziehungsweise erst gar nicht aufzunehmen.

Neben der sexuellen Anziehungskraft von extremer männlicher Dominanz gibt es noch weitere Gründe, warum sich Frauen zu Verbrechern hingezogen fühlen. Die US-amerikanische Journalistin Sheila Isenberg hat mehrere Frauen interviewt, die mit wegen Mordes verurteilten Straftätern liiert waren. Isenberg betonte, dass die Frauen den unterschiedlichsten sozialen Schichten angehörten und verschiedenste Bildungsniveaus besaßen. Einige der Frauen waren ohne Vater aufgewachsen zum Beispiel durch Scheidung, Tod oder in Form von häufiger Abwesenheit, aus Desinteresse oder wegen Drogen- und Alkoholabhängigkeit. Im Erwachsenenalter machten sie häufig schlechte Erfahrungen mit Männern. Ihre Beziehungen waren oftmals von Missbrauchs- und Gewalterfahrungen geprägt. Isenberg schlussfolgerte daraus, dass sich diese Frauen, begünstigt durch die Abwesenheit des Vaters, zu extrem dominanten Männern hingezogen fühlten. Der Mangel an einer männlichen Bezugsperson in der Kindheit wurde im Erwachsenenalter bei den Betroffenen quasi überkompensiert. Mit der Wahl eines inhaftierten Verbrechers konnten sie mit einem sehr dominanten Mann zusammen sein, ohne befürchten zu müssen, dass er sie misshandeln, missbrauchen, betrügen oder kontrollieren könnte.

Einige Frauen haben selbst narzisstische Persönlichkeitszüge oder neigen aufgrund von einer Art »Helfersyndrom« dazu, sich hingebungsvoll für benachteiligte Personen einzusetzen. So konnte Sheila Isenberg beobachten, dass viele der Frauen, die mit inhaftierten Mördern liiert waren, gläubige Christinnen waren. Sie antworteten auf Kontaktanzeigen der Gefangenen, um eine Brieffreundschaft mit ihnen aufzunehmen. So kümmerten sie sich um die aus der Gesellschaft Verstoßenen und boten ihnen Freundschaft, Fürsorge und Nächstenliebe an. Wahrscheinlich waren die meisten dieser Frauen den extrem gefährlichen Persönlichkeiten nicht gewachsen und bemerkten nicht, dass sie Opfer psychopathischer Manipulation wurden. Stattdessen verfingen sie sich immer tiefer in dem Beziehungsgeflecht mit dem Gefangenen. Die Narzisstinnen unter ihnen gaben sich »Rettungsfantasien« hin, in denen sie einen gefährlichen Mann »geheilt« oder »gezähmt« hätten. In ihren Augen hatte sich der Mörder, der als Kind nie geliebt wurde, durch ihre Liebe zu einem herzensguten Menschen entwickelt.

Bereits während meiner Doktorarbeit interessierte ich mich dafür, wie Frauen ihre Beziehung zu einem inhaftierten Mann wahrnehmen, und führte eine Studie dazu durch. 96 Frauen, die einen inhaftierten Partner hatten, sollten einen Fragebogen zu »Liebesstilen« ausfüllen, und ich verglich deren Ergebnisse mit denen von 96 Frauen, die eine Partnerschaft mit einem nicht inhaftierten Mann führten. Hinsichtlich Alter und Beziehungsdauer unterschieden sich die beiden Gruppen der befragten Frauen nicht. Der Fragebogen umfasste vier verschiedene Liebesstile:

1. Eros: die romantische Form der Liebe, die sich durch Leidenschaft, tiefe Verbundenheit und das Gefühl der »wahren Liebe« auszeichnet
2. Storge: die freundschaftliche Form der Liebe, bei der es um gegenseitiges Interesse, aber weniger um Leidenschaft geht
3. Mania: die besitzergreifende und obsessive Form der Liebe, die durch extreme Schwankungen im Wechsel zwischen Eifersucht und Leidenschaft gekennzeichnet ist
4. Agape: die altruistische Form der Liebe, bei der man sich selbstlos dem Partner gegenüber verhält

Die Liebesstile stammen aus dem »Marburger Einstellungs-Inventar für Liebesstile« (MEIL), das noch zwei weitere Stile enthält, die ich in meiner Studie jedoch nicht abgefragt habe, nämlich Ludus (spielerische Form der Liebe) und Pragma (pragmatische Form der Liebe).

Die Gruppe der Frauen, die mit einem inhaftierten Mann eine Beziehung führten, hatte im Vergleich zu der anderen Gruppe in zwei Liebesstilen besonders starke Ausprägungen: Eros und Agape. Dieses Ergebnis bestätigte die vorherigen Beobachtungen von Sheila Isenberg und auch den Ansatz aus der Evolutionstheorie, dass sich Frauen vor allem sexuell und auf eine romantische Weise zu diesen Männern hingezogen fühlten (Eros). Die Frauen schätzten wahrscheinlich die besonders männlichen Attribute ihrer Partner und fanden sie sexuell anziehend. Aber auch der Aspekt der altruistischen Aufopferung für die inhaftierten Männer spiegelte sich in den Ergebnissen wider (Agape). Dieses Ergebnis passt zu Sheila Isenbergs Beobachtung, dass viele der Frauen mit inhaftiertem Partner Christinnen sind und/oder helfen möchten.

Frauen, die mit Männern in Haft liiert sind, betonen oftmals, wie gefühlvoll und romantisch die Beziehung sei. Sie würden handgeschriebene Liebesbriefe von ihm erhalten und am Telefon sowie bei Besuchen im Gefängnis einem einfühlsamen Zuhörer begegnen. Wegen der unumgänglichen räumlichen Distanz können sie all ihre Wünsche und Vorstellungen in den inhaftierten Mann hineinprojizieren. Dabei wird das verzerrte Idealbild, das sie von ihm haben, kaum korrigiert, da sie keinen Alltag mit ihm erleben und kaum mitbekommen, wie er mit anderen Menschen interagiert. Viele der Betroffenen leben in der trügerischen Illusion, dass der Inhaftierte der ideale Lebenspartner für sie sei, und malen sich eine rosige Zukunft mit ihm nach der Haftentlassung aus.

Doch das Märchen des harmonischen Zusammenlebens mit dem aus der Haft entlassenden Romantiker wird zum Albtraum, wenn er seine sexuellen Perversionen an seiner Partnerin oder deren Kindern auslebt, sie belügt, bestiehlt, schlägt oder gar tötet. Sicher, nicht jeder Inhaftierte ist automatisch gefährlich, und Menschen in Haft oder ehemalige Gefangene haben grundsätzlich eine zweite Chance und auch eine erfüllende Partnerschaft verdient. Allerdings sollten Frauen, die eine Beziehung mit einem Inhaftierten eingehen, zu ihrer eigenen Sicherheit zumindest ein beratendes Gespräch mit einem Mitarbeitenden der Justizvollzugsanstalt führen und dabei (in Absprache mit dem Inhaftierten) transparent über die begangenen Straftaten aufgeklärt werden. Noch besser wäre es für die Betroffenen, die Gerichtsurteile und damit die ungeschönte Version der Geschehnisse zu lesen. Betroffene Frauen sollten sich auch mit dem Konzept der Psychopathie vertraut machen, um zu verstehen, dass bei Psychopathen ein hohes Risiko eines Rückfalls besteht. Nur so hat die Frau die Möglichkeit, sich ihr eigenes Urteil über die Persönlichkeit des Mannes und die potenzielle Gefahr für sie und ihre Angehörigen zu bilden.

EPILOG

Wenn ich Freunden und Bekannten von meiner Tätigkeit als Psychologin in der Sicherungsverwahrung erzählte, fragten sie mich häufig, wie ich mit der Belastung zurechtkam, die die Arbeit mit diesen gefährlichen Männern bedeutete. Tatsächlich hatte ich zu Beginn meiner Tätigkeit Schwierigkeiten damit, nach der Arbeit wieder in den normalen Alltag zu finden, ohne mir ständig Gedanken über die Männer mit extremen Persönlichkeiten zu machen. Auch unbewusst schien mich das Erlebte zu belasten: Ich erinnere mich noch gut an die ersten zwei Monate meiner neuen Tätigkeit zurück, in denen ich seltsame Empfindungen hatte.

Beispielsweise hatte ich in dieser Zeit mit einem Verwahrten gesprochen, der unter anderem wegen der Vergewaltigung einer ihm fremden Frau in der Sicherungsverwahrung war. Aus seinem Gerichtsurteil hatte ich erfahren, dass sein Opfer damals ununterbrochen auf ihn eingeredet hatte, um ihn von der Vergewaltigung abzubringen. Ich hatte ein 50-minütiges Gespräch mit dem Untergebrachten geführt, um zu prüfen, ob er zukünftig mit nur einem Bediensteten statt zweien Ausführungen wahrnehmen könne (diese Lockerungsprüfung habe ich bereits im Kapitel über Psychopathen beim Fall »Nickel« beschrieben, der mich bezüglich seines angeblich verstorbenen Sohnes belogen hatte). Der Mann hatte etwas Unheimliches an sich, war mir aber mit seiner scheinbar introvertierten und reflektierten Art sympathisch. Als ich nach diesem Gespräch spätabends einschlief, hatte ich plötzlich das Gefühl, dass der Verwahrte neben mir lag und seinen rechten Arm fest um mich schlang. Unangenehm berührt von dieser Umarmung begann ich, wie auch sein Opfer damals, beharrlich auf ihn einzureden, um ihn zum Rückzug zu bewegen. Nach quälend langen Minuten, in denen mein Albtraumpartner zumindest nicht zudringlicher wurde, aber auch nicht von mir abließ, wachte ich auf.

Solche unangenehmen Empfindungen in der Einschlafphase verloren sich zum Glück im Lauf der Zeit. Dabei halfen mir vor allem die Gespräche mit einer befreundeten Psychoanalytikerin, die ebenfalls mit Inhaftierten arbeitete, sehr erfahren in der Einschätzung und Therapie gefährlicher Straftäter war und die Wirkung der Arbeit mit diesen Männern nachvollziehen konnte.

Die öffentliche Meinung sieht die Tätigkeit von Psychologen in der Sicherungsverwahrung teilweise kritisch. So äußerten Therapeutinnen und Therapeuten, die mit Opfern arbeiteten, oftmals ihr Unverständnis darüber, welche intensiven Betreuungs- und Therapiemaßnahmen Täter erhalten, während Opfer einer Straftat zum Teil lange auf Hilfe warten müssen. Ich bin allerdings der Meinung, dass die Arbeit mit Tätern die beste Form der Opferhilfe darstellt. Die meisten Sexualstraftaten, denen viele Menschen zum Opfer fallen, gehen auf wenige Täter zurück. Wenn diese Hochrisiko-Täter sicher verwahrt bleiben und nur dann entlassen werden, wenn sie über Jahre hinweg erfolgreich therapiert wurden und dadurch nicht mehr straffällig werden, wird niemand mehr von ihnen geschändet und traumatisiert. Durch stetige Forschung innerhalb der forensischen Psychologie, beispielsweise zu Instrumenten, die das Rückfallrisiko von Tätern vorhersagen können (wie die Psychopathie-Checkliste PCL-R), verbessern sich unsere Möglichkeiten und wir können gezielter auf besonders gefährliche Straftäter einwirken, nämlich mit besonders intensiver Kontrolle und/oder Therapie.

Natürlich ist ein Therapieangebot für die Opfer von Sexualstraftaten ebenso unerlässlich, um das Trauma verarbeiten zu können. Meine Arbeit mit den Sexualstraftätern erschien mir aus Gründen des Opferschutzes also durchaus sinnvoll, dennoch fragte ich mich oft, ob und wenn ja, auf welche der Männer ich tatsächlich einen positiven Einfluss haben würde.

Aus einer Zeit, in der ich *Gothic*-Musik hörte, blieb mir eine prägnante Textzeile aus dem Lied »Snuff Machinery« von SITD im Gedächtnis: »Wenn du dich mit dem Teufel einlässt, verändert sich nicht der Teufel. Der Teufel verändert dich.« Könnte es sein, dass die sexualisierten Verbrecher am Ende einen größeren Einfluss auf mich gehabt hatten als ich auf sie? Bin ich durch den jahrelangen Kontakt zu Narzissten, Psychopathen und Sadisten vielleicht sogar selbst gefährlich(er) geworden?

Zumindest etwas habe ich von den Psychopathen gelernt: Sie zeigten mir, wie angenehm es sein kann, weniger Angst vor den Urteilen anderer Menschen zu haben und dadurch unbekümmerter durchs Leben zu gehen. Als eher angepasste und tendenziell besorgte Person erschien mir diese psychopathische Eigenschaft in kleiner Dosis durchaus erstrebenswert zu sein. Ich denke, dass ich mich im Laufe der Jahre meiner Tätigkeit tatsächlich etwas verändert habe. Mit der Zeit begann ich, mich weniger angepasst zu verhalten, mehr auf meine eigenen Bedürfnisse zu achten, die Wünsche anderer Menschen nicht mehr über die meinigen zu stellen und mich besser von anstrengenden Menschen abzugrenzen. So gesehen bin ich empathieloser und dadurch wahrscheinlich ein bisschen »gefährlicher« geworden. Wenn ich allerdings andersherum den Männern etwas von meiner Empathie vermittelt habe, hätte ich mit dieser Umverteilung schon etwas Gutes bewirkt.

Die meisten Menschen verachten Sexualstraftäter und wünschen sich, dass diese für immer von der Gesellschaft ausgeschlossen in sicherer Verwahrung bleiben. Juristische Studien zeigen, dass Laien Sexualstraftaten wie Vergewaltigungen viel härter bestrafen würden, als Berufsrichter dies täten. Laien wählten beispielsweise für die Straftat einer Vergewaltigung ein mittleres Strafmaß von sechs Jahren und einem Monat, wohingegen sich Richter für eine durchschnittliche Haftstrafe von drei Jahren und zwei Monaten aussprachen.

Die betroffenen Männer selbst und manche ihrer Angehörigen und Freunde empfinden die Sicherungsverwahrung hingegen als ein ungerechtes Mittel, da sie ihre Strafe ja bereits verbüßt haben und präventiv festgehalten werden. Ich persönlich war immer hin- und hergerissen: Die Straftaten der Männer sprachen für sich und die sexuellen Abgründe, die sich dahinter verbargen, schienen nur auf eine Gelegenheit zu warten, wieder ausgelebt zu werden. Ein Teil von mir traute diesen Männern keine Veränderung zu und wollte sie ebenfalls bis ans Ende ihrer Tage sicher verwahrt wissen. Andererseits mochte ich viele meiner Klienten trotz der begangenen Straftaten und wünschte mir, dass sie die Chance auf ein erfülltes Leben außerhalb der Einrichtung erhielten.

Der therapeutische Prozess mit einigen der Männer, die geringere Psychopathie-Werte hatten, war emotional bewegend. Sie fassten Vertrauen zu mir und ließen sich auf die Behandlung ein. Dennoch war das Spannungsfeld bei der Arbeit mit diesen Männern besonders aufgeladen. Auf der einen Seite war da der oft extreme Lebenswandel der Verwahrten. Außerdem waren sie von ihrer krassen, von der Norm abweichenden Sexualität geprägt, die sie nur bedingt mit mir besprechen konnten und die sie so gefährlich machte. Auf der anderen Seite des Spannungsfelds stand der authentische Wunsch der (weniger psychopathischen) Männer, sich zu verändern, sowie ihr tägliches Bemühen, mir und anderen Mitarbeitenden zu vertrauen und sich tiefergehend auf die Behandlung einzulassen. Über Jahrzehnte hinweg versuchten sie, diesen Weg durchzuhalten, in einer monotonen Umgebung und mit dem Wissen, dass die Menschen in der Welt draußen sie für immer verachten würden, egal, wie sehr sie sich bemühten und veränderten.

Die Arbeit mit diesen Männern forderte und berührte mich in besonderer Weise und ist für mich mit keiner anderen persönlichen oder beruflichen Beziehung vergleichbar. Der Kontrast meiner Gefühle, die zwischen Schock, Ekel und Abneigung angesichts der Straftaten und Sympathie, Interesse und

Mitgefühl wegen der teils erschütternden Lebensgeschichten und der Persönlichkeit dieser Männer oszillierten, war verwirrend, teilweise ermüdend, dann wieder aufregend und teilweise sogar sinnstiftend. Ich fühlte mich täglich von dem Balanceakt zwischen Nähe und Distanz zu diesen Männern herausgefordert. Gegensätzliche Gefühle wie Hoffnung und Zweifel wechselten sich wöchentlich ab: Wer meint es wirklich ehrlich und wer versucht, mich zu täuschen? Dieser Job vereinte sämtliche Extreme und die ganze Absurdität der menschlichen Existenz in sich.

DANKSAGUNG

Ich bedanke mich herzlich bei allen Freunden, Familienmitgliedern und Verlagsmitarbeitenden, die mich beim Schreiben dieses Buchs unterstützt haben, sowie bei meinem Agenten.

Die Idee zu diesem Buch schlummerte schon seit einigen Jahren in mir. Doch erst ein Nachmittag mit meiner Freundin Mel, die mich dazu ermunterte, ein *Vision Board* mit meinen Ideen und Träumen zu gestalten, legte den Grundstein für die Umsetzung. Ich bedanke mich bei ihr, Johannes und Valerie für das Lesen und Korrigieren einzelner Kapitel.

Meine Freundin Eva hatte bereits Erfahrungen mit der Veröffentlichung von Sachbüchern gesammelt. Sie hat mich an ihren Erfahrungen teilhaben lassen und mir sehr wertvolle Tipps gegeben, wofür ich ihr dankbar bin.

Außerdem möchte ich mich bei meiner Freundin Anika bedanken, die großartige Ideen für die Gestaltung des Covers entwickelte.

Mein Dank gilt auch Marianna und Petra, die mit großem Interesse das Voranschreiten des Projekts verfolgten und mir wertvolle Hinweise gegeben haben.

Ich bin Frank, Jerome, Bernd und Astrid dankbar dafür, dass ich mit ihnen zusammenarbeiten durfte und von ihren Workshops, Tagungen und ihrem forensischen Fachwissen profitieren konnte.

Zu guter Letzt möchte ich mich bei meinen ehemaligen Kolleginnen und Kollegen und meinen Vorgesetzten aus der Sicherungsverwahrung bedanken. Sie leisten eine herausragende Arbeit in einem außergewöhnlich fordernden und gefährlichen Umfeld.

LITERATURVERZEICHNIS

NARZISSTEN

21. Die Prozentangaben bezüglich der Häufigkeit einer narzisstischen Persönlichkeitsstörung stammen aus der folgenden Studie: Stinson FS, Dawson DA, Goldstein RB, Chou SP, Huang B, Smith SM, Ruan WJ, Pulay AJ, Saha TD, Pickering RP, Grant BF. *Prevalence, correlates, disability, and comorbidity of DSM-IV narcissistic personality disorder: results from the wave 2 national epidemiologic survey on alcohol and related conditions.* J Clin Psychiatry. 2008 Jul;69(7):1033–45.

65. Die Metanalyse, die den Zusammenhang zwischen Narzissmus und Aggression erforscht hat, stammt von: Kjærvik SL, Bushman BJ. *The link between narcissism and aggression: A meta-analytic review.* Psychol Bull. 2021 May;147(5):477–503.

65. Die Metanalyse, die den Zusammenhang zwischen Narzissmus und Gewalt in Intimbeziehungen analysiert hat, stammt von: Oliver, E., Coates, A., Bennett, J. M., & Willis, M. L. (2023). *Narcissism and Intimate Partner Violence: A Systematic Review and Meta-Analysis. Trauma, Violence, & Abuse,* 25(3), 1871–1884

66. In dieser Studie wurde der Zusammenhang zwischen sexuellem Narzissmus und Untreue bei verheirateten Paaren untersucht: McNulty, J.K., Widman, L. (2014). *Sexual Narcissism and Infidelity in Early Marriage.* Arch Sex Behav 43, 1315–1325.

PSYCHOPATHEN

73. Der Anteil der Psychopathen und Personen mit dissozialer Persönlichkeitsstörung bezieht sich auf folgende Studie: Ogloff JRP. *Psychopathy/Antisocial Personality Disorder Conundrum.* Australian & New Zealand Journal of Psychiatry. 2006;40(6–7):519–528.

74. Die Zahlen zu den Zusammenhängen zwischen Serienmördern und Psychopathen stammen aus diesem Artikel: Morana, Hilda & Stone, Michael & Abdalla-Filho, Elias. (2006). *Personality disorders, psychopathy, and serial killers.* Revista brasileira de psiquiatria (São Paulo, Brazil: 1999). 28 Suppl 2. S74-9.

81. In dieser Studie wurden 88 männliche Gefangene untersucht. Die Psychopathen unter ihnen zeigten unter anderem einen längeren Blickkontakt und lächelten weniger. Rimé, B., Bouvy, H., Leborgne, B., & Rouillon, F. (1978). *Psychopathy and nonverbal behavior in an interpersonal situation.* Journal of Abnormal Psychology, *87*(6), 636–643.

93. Über die Gewissenlosigkeit von Psychopathen und deren Antrieb, gewinnen zu wollen, hat Dr. Martha Stout in ihrem Buch *The Soziopath next door: the ruthless versus the rest of us (*2021), London, John Murray Press auf den Seiten 25 ff. und 45 geschrieben.

94. In dieser Studie wurde untersucht, wie viel Dopamin Psychopathen freisetzen, wenn ihnen eine Belohnung in Aussicht gestellt wird: Buckholtz, Joshua & Treadway, Michael & Cowan, Ronald & Woodward, Neil & Benning, Stephen & Li, Rui & Ansari, M & Baldwin, Ronald & Schwartzman, Ashley & Shelby, Evan &

Smith, Clarence & Cole, David & Kessler, Robert & Zald, David. (2010). *Mesolimbic Dopamine Reward System Hypersensitivity in Individuals with Psychopathic Traits.* Nature neuroscience. 13. 419–421. 10.1038/nn.2510.

95. Psychopathen sind besser darin, falsche Emotionen glaubhaft vorzutäuschen, als Personen ohne psychopathische Eigenschaften: Porter, Stephen & Brinke, Leanne & Baker, Alysha & Wallace, Brendan. (2011). *Would I lie to you? »Leakage« in deceptive facial expressions relates to psychopathy and emotional intelligence. Personality and Individual Differences.*

95. Die Tatsache, dass Psychopathen besonders gut darin sind, Geschichten zu erzählen, stammt von eigenen Beobachtungen und aus dem Buch *Without Conscience: The disturbing world of psychopaths among us« von Robert D. Hare aus dem Jahr 1999 in »The Guilford Press,* New York, auf Seite 142. Auch die Geschichte von Reid Meloy über den psychopathischen Bewerber stammt aus diesem Buch (auf Seite 213).

96. Das Experiment mit dem Schmuggel des roten Taschentuchs, das zeigen konnte, dass Psychopathen leichter Personen erkennen, die etwas zu verbergen haben, stammt aus dem Buch von Kevin Dutton *The Wisdom of Psychopaths* (2013), London: Arrow Books, Seite 11.

96. Psychopathen können an den Bewegungen/am Gang fremder Menschen deren Verletzlichkeit (Menschen, die in der Vergangenheit bereits Opfer eines Verbrechens geworden sind) erkennen. Dies wurde in folgenden Studien gezeigt: Wheeler, S., Book, A., & Costello, K. (2009). *Psychopathic Traits and Perceptions of Victim Vulnerability. Criminal Justice and Behavior,* 36(6), 635–648. Eine Folgestudie aus 2018 hat diesen Effekt nur für männliche Psychopathen gefunden, die potenzielle weibliche Opfer beobachtet und dabei diejenigen identifiziert haben, die bereits Opfer einer Gewalttat geworden sind. Bei weiblichen Psychopa-

then konnte dieser Effekt nicht gefunden werden. Ritchie, Mary & Blais, Julie & Forth, Adelle & Book, Angela. (2018). *Identifying vulnerability to violence: The role of psychopathy and gender. Journal of Criminal Psychology*. 8. 10.1108/JCP-06-2017-0029.

108. Der genetische Anteil an Persönlichkeitsstörungen im Allgemeinen beträgt ca. 40–60 Prozent: Fontaine N, Viding E. *Genetics of personality disorders.* Psychiatry 2008, 7(3): 137–141; Waldman, I. D., Rhee, S. H., LoParo, D., & Park, Y. (2018). *Genetic and environmental influences on psychopathy and antisocial behavior.* In C. J. Patrick (Ed.), Handbook of psychopathy (S. 335–353). The Guilford Press.

108. Der Neurowissenschaftler James Fallon schreibt in dem Buch *The psychopath inside: a neuroscientist's personal journey into the dark side of the brain* (2013), New York: Current, über das Krieger-Gen und Umwelteinflüsse, die Psychopathie begünstigen, auf den Seiten 106 und 110.

108. Studie zum Krieger-Gen: Tikkanen R, Auvinen-Lintunen L, Ducci F, Sjöberg RL, Goldman D, Tiihonen J, Ojansuu I, Virkkunen M. *Psychopathy, PCL-R, and MAOA genotype as predictors of violent reconvictions.* Psychiatry Res. 2011 Feb 28;185(3): 382–386.

108. Die neuroanatomischen Abweichungen im Gehirn von Psychopathen werden in dieser Literaturübersicht beschrieben: Johanson, Mika & Vaurio, Olli & Tiihonen, Jari & Lähteenvuo, Markku. (2020). *A Systematic Literature Review of Neuroimaging of Psychopathic Traits.* Frontiers in Psychiatry. 10. 1027. 10.3389/fpsyt.2019.01027.

109. Die Studie zu den Theta-Wellen wird in dem Buch *Without Conscience: The disturbing world of psychopaths among us* von Robert D. Hare aus dem Jahr 1999 erwähnt, in »The Guilford Press«, New York, auf Seite 1 sowie in dem Buch von Kevin Dutton *The Wisdom of Psychopaths* (2013), London: Arrow Books, auf Seite 4.

109. Eine aktuelle Studie zu Theta-Wellen im EEG von Psychopathen konnte nicht belegen, dass diese verstärkt bei ihnen auftreten: Clark, A. P., Bontemps, A. P., Houser, R. A., & Salekin, R. T. (2022). Psychopathy and resting state EEG theta/beta oscillations in adolescent offenders. *Journal of Psychopathology and Behavioral Assessment, 44*(1), 64–80.

109. Kulturelle Einflussfaktoren können im folgenden Buch nachgelesen werden: Howard, R., 6 Duggan, C. (2022). *Antisocial Personality: Theory, Research, Treatment.* Cambridge: Cambridge University Press., S. 80–81.

110. Psychopathen haben evolutionäre Vorteile: Brazil, Kristopher & Forth, Adelle. (2020). *Psychopathy and the Induction of Desire: Formulating and Testing an Evolutionary Hypothesis.* Evolutionary Psychological Science. 10.1007/s40806-019-00213-0. und Jonason, Peter & Li, Norman & Teicher, E. (2010). *Who is James Bond? The Dark Triad as an Agentic Social Style.* Individual Differences Research. 8.

116. Die Prävalenz (Anteil der Psychopathen in der Gesamtbevölkerung) beträgt 1,2 Prozent, wenn man die Psychopathie-Checkliste nach Hare anwendet: Sanz-García A, Gesteira C, Sanz J, García-Vera MP. *Prevalence of Psychopathy in the General Adult Population: A Systematic Review and Meta-Analysis.* Front Psychol. 2021 Aug 5;12:661044.

116. Die Erkenntnis, dass Psychopathen das Leben in Großstädten bevorzugen und öfter in der Unternehmenswelt anzutreffen sind, stammt aus einem Gespräch mit Robert D. Hare, das der britische Journalist Jon Ronson in dem Buch *The Psychopath Test: A journey through the madness industry* (2011), Picador, auf Seite 110 und 119 dargelegt hat.

116. Die Studie, die zeigen konnte, dass es mehr Psychopathen unter Unternehmensfachkräften als in der Allgemeinbevölkerung

gibt, ist diese: Babiak, Paul & Neumann, Craig & Hare, Robert. (2010). *Corporate Psychopathy: Talking the Walk. Behavioral sciences & the law.* 28. 174–93. 10.1002/bsl.925.

117. Die Übersicht über die Berufsgruppen mit hohen und niedrigen psychopathischen Eigenschaften stammt von dem britischen Psychopathieforscher Kevin Dutton aus dem Buch *The Wisdom of Psychopaths* (2013), London: Arrow Books, auf Seite 173.

118. Die Gegenüberstellung von psychopathischen Eigenschaften und Eigenschaften von Geschäftsführern stammt ebenfalls von dem britischen Psychopathieforscher Kevin Dutton aus dem Buch *The Wisdom of Psychopaths* (2013), London: Arrow Books, auf Seite 133.

119. Die Beobachtung des FBI-Agenten, dass psychopathische Serienmörder häufig Lkw-Fahrer sind, stammt aus dem Buch von Kevin Dutton *The Wisdom of Psychopaths* (2013), London: Arrow Books, auf Seite 235.

132. Die Entdeckung seines eigenen »psychopathischen« Gehirns beschrieb James Fallon in seinem Buch *The psychopath inside: a neuroscientist's personal journey into the dark side of the brain* (2013, New York: Current). Auf Seite 196 schreibt er über die Vorwürfe seiner Familienmitglieder ihm gegenüber und wie er damit umgegangen ist.

134. Die Idee, dass es sich schrecklich anfühlen muss, ein Psychopath zu sein, weil man sich zu Tode langweilt, wird in dem Buch *The Soziopath next door: the ruthless versus the rest of us* (2021), London, John Murray Press, von Dr. Martha Stout ab Seite 186 beschrieben.

134. Der Selbstversuch, mittels TMS-Stimulation für 30 Minuten zum Psychopathen zu werden, beschreibt Kevin Dutton in seinem Buch *The Wisdom of Psychopaths* (2013) London: Arrow Books, ab Seite 153 ff.

139. Die Studie mit den kurzen Videosequenzen, in denen die Probanden Psychopathen erkennen sollen, stammt von: Fowler, Katherine & Lilienfeld, Scott & Patrick, Christopher. (2009). *Detecting Psychopathy From Thin Slices of Behavior.* Psychological Assessment. 21. 68-78. 10.1037/a0014938.

140. Die Reaktionen des autonomen Nervensystems auf Psychopathen konnten in folgender Studie nachgewiesen werden: Meloy, John & Meloy, Mj. (2003). *Autonomic Arousal in the Presence of Psychopathy.* Journal of Threat Assessment. 2. 10.1300/J177v02n02_02.

141. Strategien, die Psychopathen und andere Täter nutzen, um ihre Opfer gefügig zu machen, wurden von dem amerikanischen Autor und Sicherheitsexperten Gavin de Becker in dem Buch *The Gift of Fear* (2000), Bloomsburry Publishing PLC (deutscher Buchtitel: *Vertraue deiner Angst*) auf den Seiten 55 bis 65 beschrieben.

147. Den Fall des »Mannes ohne Arme« kann man hier nachlesen: https://www.fr.de/panorama/serienvergewaltiger-gericht-11446995.html

149. Die Tatsache, dass Menschen Konsistenz anstreben, wird in Robert Cialdinis Buch *Die Psychologie des Überzeugens*, Hogrefe (2017) ab Seite 73 beschrieben.

150. Die Strategie von Psychopathen, die Empathie anderer Menschen auszunutzen und Mitleid bei ihnen zu erzeugen, wird in dem Buch *The Sociopath next door: the ruthless versus the rest of us* (2021), London, John Murray Press, von Dr. Martha Stout auf den Seiten 108 und 109 beschrieben.

151. Männer mit psychopathischen Eigenschaften wirken anziehend auf Frauen: Brazil, Kristopher & Forth, Adelle (2020). *Psychopathy and the Induction of Desire: Formulating and Testing an Evolutionary Hypothesis.* Evolutionary Psychological Science. 10.1007/s40806-019-00213-0.

152. Psychopathische Männer verstellen sich auf Dates, um anziehender auf Frauen zu wirken: Brazil, Kristopher & Cloutier, Destiny & Llagas, Nicole & McMahon, Samantha & Benevides, Victoria & Book, Angela & Visser, Beth (2023). *The Chameleons of Dating: Psychopathic Traits Are Associated with Mimicking Prosocial Personality Traits in Dating Contexts.* Evolutionary Psychological Science. 9. 1-10. 10.1007/s40806-023-00356-1.

152. Männer mit psychopathischen Eigenschaften verfolgen eher eine Kurzzeit-Partner-Paarungsstrategie: Jonason, P. K., Li, N. P., Webster, G. D., & Schmitt, D. P. (2009). *The Dark Triad: Facilitating a short-term mating strategy in men.* European Journal of Personality, *23*(1), 5–18. https://doi.org/10.1002/per.698;, sowie: Jonason, Peter Karl & Li, Norman & Webster, Gregory & Schmitt, David. (2009). *The Dark Triad: Traits That Facilitate Short-Term Mating in Men.* European Journal of Personality. 23. 5–18. 10.1002/per.698.

153. Das Beispiel des Mannes, der mit einer psychopathischen Ehefrau verheiratet war, stammt aus dem Buch *Without Conscience: The disturbing world of psychopaths among us* von Robert D. Hare aus dem Jahr 1999, auf Seite 146.

153. Studie über das missbräuchliche Verhalten subklinischer Psychopathen in Partnerschaften: Williams, Kevin & Spidel, Alicia & Paulhus, Delroy. (2005). *Sex, Lies, and More Lies: Exploring the Intimate Relationships of Subclinical Psychopaths.*

155. Die psychopathische Strategie des Gaslightings wird in dem Buch *The Soziopath next door: the ruthless versus the rest of us* (2021), London, John Murray Press, von Dr. Martha Stout auf Seite 95 beschrieben.

156. Das Interview mit dem *White-Collar*-Psychopathen Albert J. Dunlap stammt aus dem Buch des britischen Journalisten Jon

Ronson (2011) *The Psychopath Test: A journey through the madness industry*, Picador, auf Seite 165.

157. Studie über das *Oak-Ridge*-Programm über die Therapie von Psychopathen: Rice, M. E., Harris, G. T., & Cormier, C. A. (1992). *An evaluation of a maximum security therapeutic community for psychopaths and other mentally disordered offenders. Law and Human Behavior, 16*(4), 399–412.

158. Die Geschichte der Doktorandin, die den angeblich erfolgreich therapierten, aber immer noch »gefährlichen« Psychopathen traf, finden wir in dem Buch: *Without Conscience: The disturbing world of psychopaths among us* von Robert D. Hare aus dem Jahr 1999, auf Seite 197.

159. Studie über den Therapieerfolg mit nasal verabreichtem Oxytocin: Stark, Nicole & Bobadilla, Leonardo & Michael, Paul & Saturn, Sarina & Portner, Matt. (2023). *A meta-analytic review of the relationship between empathy and oxytocin: Implications for application in psychopathy research.* 101828.

161. Das Interview mit dem *White-Collar*-Psychopathen Albert J. Dunlap und dessen Reaktionen auf grausame Tatortszenen stammt aus dem Buch *The psychopath test: A journey through the madness industry* von Jon Ronson (2011), Picador, auf Seite 166.

161. Die Szene mit dem Autounfall beschreibt James Fallon in seinem Buch *The psychopath inside: a neuroscientist's personal journey into the dark side of the brain* (2013), New York: Current) auf Seite 151.

164. Das Interview mit Toto, der »wirklich« gemocht werden möchte, stammt aus dem Buch von Jon Ronson (2011) *The Psychopath Test: A journey through the madness industry*, Picador, auf Seite 139.

165. Die Dopamin-Studie wurde bereits zuvor erwähnt: Buckholtz, Joshua & Treadway, Michael & Cowan, Ronald & Woodward,

Neil & Benning, Stephen & Li, Rui & Ansari, M & Baldwin, Ronald & Schwartzman, Ashley & Shelby, Evan & Smith, Clarence & Cole, David & Kessler, Robert & Zald, David. (2010). *Mesolimbic Dopamine Reward System Hypersensitivity in Individuals with Psychopathic Traits.* Nature neuroscience. 13. 419–421. 10.1038/nn.2510.

166. Studie über den Zusammenhang zwischen Erfolg/Manipulationsbereitschaft von Spielern des Online-Spiels *World of Warcraft* und Psychopathie: Csordas, Amy & Book, Angela & Worth, Narnia & Visser, Beth. (2022). *The WoW factor: Psychopathic traits and behavior in a massive multiplayer online role-playing game.* Personality and Individual Differences. 187. 111443. 10.1016/j.paid.2021.111443.

166. Die Bezeichnung »Utilitaristen auf Crack« und die Beobachtung, wie Psychopathen mit moralischen Dilemmas umgehen, wurde in dem Buch *Without Conscience: The disturbing world of psychopath among us* von Robert D. Hare aus dem Jahr 1999 beschrieben.

167. Studie zu den auffälligen Gesten von Psychopathen, »Beats«, stammt aus dem Buch *Without Conscience: The disturbing world of psychopath among us* von Robert D. Hare aus dem Jahr 1999, auf Seite 134 ff.

168. Wenn Sie über die Big 5 Persönlichkeitseigenschaften und deren Einfluss auf verschiedene Lebensbereiche lesen möchten, kann ich dieses Buch empfehlen: Eva Asselmann und Martina Pahr (2022) *Woran wir wachsen: Welche Lebensereignisse unsere Persönlichkeit prägen und was uns wirklich weiter bringt – die neusten Erkenntnisse aus der Persönlichkeitspsychologie*, im Ariston-Verlag erschienen.

168. Studie über den Zusammenhang zwischen den Big 5 Persönlichkeitseigenschaften und Psychopathie: Miller, Joshua & Lynam, Donald & Widiger, Thomas & Leukefeld, Carl. (2001). *Persona-*

lity Disorders as Extreme Variants of Common Personality Dimensions: Can the Five Factor Model Adequately Represent Psychopathy?, Journal of personality. 69. 253–276.

169. Die Szene des Autounfalls mit dem verletzten Kind, die Robert Hare der Schauspielerin Nicole Kidman erzählt hat, um sich in die Rolle einer Psychopathin für den Film *Malice* einzustimmen, stammt aus dem Buch von Jon Ronson (2011) *The Psychopath Test: A journey through the madness industry*, Picador, auf Seite 143.

GEFÄHRLICHE SEXUELLE FANTASIEN

171. Die Theorie über sexuelle Hochrisiko-Fantasien kann hier nachgelesen werden: Rossegger, Astrid, Jérôme Endrass, Bernd Borchard, 2012. *Sexuelle Hoch-Risiko-Fantasien: Grundlagen und Intervention*. In: Endrass, Jérôme, ed. and others. *Interventionen bei Gewalt- und Sexualstraftätern: Risk-Management, Methoden und Konzepte der forensischen Therapie*. Berlin: Med.-Wiss. Verl.-Ges., 2012, pp. 234–254. ISBN 978-3-941468-85-6.

172. Die Vergewaltigungsmythen-Skala (in englischer Sprache) stammt aus dem folgenden Werk: Costin (1985) *Belief about rape and women's social roles*. In: Archives of Sexual Beahvior, 14, S. 319–325.

172. In dieser Studie wurden Probanden aus den USA, UK, Israel und Westdeutschland in Hinblick auf deren Akzeptanz von Vergewaltigungsmythen untersucht. Personen, die Frauen eher eingeschränkte Rollen zuwiesen, stimmten Vergewaltigungsmythen eher zu: Costin, F., & Schwarz, N. (1987). *Beliefs about rape and women's social roles: A four-nation study*. Journal of Interpersonal Violence, 2 (1), 46–56.

178. Die Unterscheidung von einvernehmlichen und gefährlichen Sadisten geht auf dieses Buch zurück: Fiedler, P., & Marneros, A. (2004). *Sexuelle Orientierung und sexuelle Abweichung: Heterosexualität – Homosexualität – Transgenderismus und Paraphilien – sexueller Missbrauch – sexuelle Gewalt.* Beltz, PVU.

181. Die Studie, in der beschrieben wurde, dass 37 Prozent der Männer, die in Großbritannien ein sexuell motiviertes Tötungsdelikt an einer Frau über 14 Jahren begangen haben, Sadisten waren, ist diese: Stefanska, E. B., Nitschke, J., Carter, A. J., & Mokros, A. (2019). *Sadism among sexual homicide offenders: Validation of the Sexual Sadism Scale.* Psychological Assessment, 31 (1), 132–137.

181. Studie, in der erwähnt wird, dass der Anteil von Sexualmorden an allen Tötungsdelikten insgesamt bei 1–5 Prozent liegt: Eichinger M, Darjee R. *Sexual homicide in Australia and New Zealand: a description of offenders, offences and victims.* Psychiatr Psychol Law. 2021 Apr 7;28(6):885–908.

184. In dieser Studie wurde gezeigt, dass Erwürgen als Tötungsmethode häufig von Sexualmördern (im Vergleich zu nicht sexuell motivierten Tötungsdelikten) gewählt wird: Carter, A. J., & Hollin, C. R. (2010). *Characteristics of non-serial sexual homicide offenders: A review.* Psychology, Crime & Law, *16*(1–2), 25–45.

185. In dieser Studie sind die Stadien des Sterbens beim Erhängen beschrieben worden, wobei der Tod nach ungefähr 2 Minuten eintritt: Sauvageau A, Laharpe R, King D, Dowling G, Andrews S, Kelly S, Ambrosi C, Guay JP, Geberth VJ; *Working Group on Human Asphyxia. Agonal sequences in 14 filmed hangings with comments on the role of the type of suspension, ischemic habituation, and ethanol intoxication on the timing of agonal responses.* Am J Forensic Med Pathol. 2011 Jun; 32 (2):104–107.

189. Die Sexuelle-Sadismus-Skala stammt aus dieser Studie: Mokros A, Schilling F, Weiss K, Nitschke J, Eher R (2014) *Sadism in se-*

xual offenders: evidence for dimensionality. Psychol Assess 26:138–147. 82.

210. Eine Dokumentation über die Missbrauchsfälle in Lügde ist im Jahr 2023 im ZDF erschienen. Sie trägt den Titel *Die Kinder von Lügde.*

FASZINATION DOMINANZ

212. *Nice Guys* haben weniger Sexualpartnerinnen als *Bad Boys*: Edward S. Herold & Robin R. Milhausen (1999) *Dating preferences of university women: An analysis of the nice guy stereotype*, Journal of Sex & Marital Therapy, 25:4, 333–343.

212. Hier eine Studie, die zeigen konnte, dass heterosexuelle Frauen Dominanz bei Männern anziehend finden, aber heterosexuelle Männer nicht bei Frauen: Sadalla, E. K., Kenrick, D. T., & Vershure, B. (1987). *Dominance and heterosexual attraction.* Journal of Personality and Social Psychology, 52(4), 730–738.

212. Frauen finden narzisstische Männer attraktiv: Vos, Lisa & Frowijn, Iris & Van Scheppingen, Manon (2021). *Who Falls in Love With a Narcissist? Testing Women's Romantic Attraction Towards Fictional Male Characters.*

213. Frauen sind das wählerische Geschlecht, weil sie höhere elterliche Investitionen tragen müssen als Männer: Trivers, R. (1972). *Parental Investment and Sexual Selection* (1. publ. ed.). London: Heinemann.

214. Frauen bevorzugen Männer mit »guten Genen« als Kurzzeitpartner an ihren fruchtbaren Tagen: Gangestad, S. W., Garver-Apgar, C. E., Simpson, J. A., & Cousins, A. J. (2007). *Changes in women's mate preferences across the ovulatory cycle.* Journal of Personality and Social Psychology, 92(1), 151–163.

214. Frauen finden Männer mit muskulösen Körpern attraktiv: Frederick, D. A., & Haselton, M. G. (2007). *Why is muscularity sexy? Tests of the fitness indicator hypothesis.* Personality and Social Psychology Bulletin, 33(8), 1167–1183.

214. Frauen bevorzugen männliche Stimmen in tieferen Tonlagen als Kurzzeitpartner: Puts, D. A. (2005). *Mating context and menstrual phase affect women's preferences for male voice pitch.* Evolution and Human Behavior, 26(5), 388–397.

214. Frauen bevorzugen Männer mit maskulinen Gesichtszügen an ihren fruchtbaren Tagen: Little, A. C., Jones, B. C., & DeBruine, L. M. (2008). *Preferences for variation in masculinity in real male faces change across the menstrual cycle: Women prefer more masculine faces when they are more fertile.* Personality and Individual Differences, 45(6), 478–482.

214. In dieser Literaturübersicht konnte gezeigt werden, dass Testosteron das Immunsystem schwächt: Roberts, M. L., Buchanan, K. L., & Evans, M. R. (2004). *Testing the immunocompetence handicap hypothesis: a review of the evidence.* Animal Behaviour, 68(2), 227–239.

215. Männer werden wählerischer, wenn es um die Auswahl einer Partnerin für eine Langzeitbeziehung geht: Kenrick, D. T., Sadalla, E. K., Groth, G., & Trost, M. R. (1990). *Evolution, traits, and the stages of human courtship: Qualifying the parental investment model.* Journal of Personality, 58(1), 97–116.

215. Frauen finden einen hohen sozialen Status bei Männern als Langzeitpartner attraktiv: Li, N. P., Bailey, J. M., Kenrick, D. T., & Linsenmeier, J. A. W. (2002). *The necessities and luxuries of mate preferences: Testing the tradeoffs.* Journal of Personality and Social Psychology, 82(6), 947–955.

215. Frauen finden Männer als Langzeitpartner attraktiv, die sich fürsorglich um Kinder kümmern: La Cerra, M. M. (1995). *Evolved*

mate preferences in women: Psychological adaptations for assessing a man's willingness to invest in offspring. 55, ProQuest Information & Learning, US.

216. Die Ergebnisse dieser Studien sprechen dafür, dass Frauen mitunter eine gemischte Strategie bei der Partnerwahl anwenden: Cashdan, E. (1996). *Women's Mating Strategies.* Evolutionary Anthropology, 5, 134–143; Gangestad, S. W., & Simpson, J. A. (2000). *The evolution of human mating: Trade-offs and strategic pluralism.* Behavioral and Brain Sciences, 23(4), 573–644.

216. Diese Studie konnte belegen, dass Frauen an den fruchtbaren Tagen des menstruellen Zyklus eher Sex mit einem anderen (Extra-) Partner haben, um von dessen »guten Genen« zu profitieren: Bellis, M. A., & Baker, R. R. (1990). *Do females promote sperm competition?* Data for humans. Animal Behaviour, 40(5), 997–999.

216. Frauen, die ängstlicher sind, und Personen mit hohen Werten in *Sensation Seeking* bevorzugen dominante Partner: Giebel, Gilda, James Moran, Anne Schawohl, Roland Weierstall, 2015. *The thrill of loving a dominant partner: Relationships between preference for a dominant mate, sensation seeking, and trait anxiety.* In: Personal Relationships. 2015, 22(2), pp. 275–284. ISSN 1350–4126. eISSN 1475–6811.

218. Das Fallbeispiel über den Inhaftierten Hans-Dieter, der seine Partnerin Bettina im Besucherraum des Gefängnisses tötete, stammt aus diesem Buch: Elisabeth Pfister (2013). *Wenn Frauen Verbrecher lieben.* Berlin: Ch. Links Verlag, auf Seite 148–167.

221. Die Theorie zur kognitiven Dissonanz kann hier nachgelesen werden: Eckardt, G. (2015). *Die Theorie der kognitiven Dissonanz* (Festinger,L.,1957). In: Sozialpsychologie – Quellen zu ihrer Entstehung und Entwicklung. Schlüsseltexte der Psychologie. Springer, Wiesbaden.

222. Die Journalistin Sheila Isenberg hat Frauen befragt, die mit inhaftierten Mördern liiert waren und ihre Erkenntnisse in einem Buch zusammengefasst: *Women who love men who kill.* New York: Simon & Schuster (1991)

223. Die von mir durchgeführte Studie über die dominierenden Liebesstile von Frauen, die mit inhaftierten Männern liiert waren, findet man hier: Giebel, Gilda, Thomas Elbert, 2014. *The perception of a Woman's Love in a relationship with a prisoner is erotic and altruistic.* In: Journal of Forensic Science & Criminology. 2014, 1(4), 402.

EPILOG

230. Die Ergebnisse dieser Studie zeigen, wie schwerwiegend die Gesellschaft Sexualstraftaten bewertet und ahnden möchte. https://www.faz.net/einspruch/sexualdelikte-uebergriffe-haerter-bestrafen-19410131.html

ÜBER DIE AUTORIN

Dr. Gilda Giebel hat an den Universitäten Erfurt und Konstanz Psychologie studiert und promoviert. Außerdem absolvierte sie eine systemische Therapieausbildung. Ihr fachlicher Schwerpunkt liegt in der forensischen Psychologie. Sie war als Psychologin in der Sicherungsverwahrung einer deutschen Justizvollzugsanstalt (JVA) tätig. Neben ihrer therapeutischen Arbeit erstellte sie dort Gefährlichkeitsprognosen über die Täter.

432 Seiten
15,00 € (D) | 15,50€ (A)
ISBN 978-3-7423-2446-7

John Douglas &
Mark Olshaker

Reise in die Finsternis

Der berühmte FBI-Profiler über die Fahndung nach Serienmördern und seine packendsten Fälle

Ein Muss für alle Fans von True Crime!

Ob David Berkowitz, Ted Bundy oder Jeffrey Dahmer: Es gibt kaum einen US-Serienkiller, den John Douglas als weltweit führender Experte und Pionier im Bereich Profiling nicht befragt hätte. Nach seinem Bestseller *Mindhunter*, Vorlage für die erfolgreiche Netflix-Serie, taucht er in *Reise in die Finsternis* nun noch tiefer in die Gedankenwelt von Serienmördern und anderen gefährlichen Verbrechern wie dem Unabomber ein. Am Beispiel zahlreicher, mitunter erschreckender Fälle offenbart er, mithilfe welcher Methoden es gelingt, Mörder und ihre Motive ausfindig zu machen. Seine Reise in menschliche Abgründe erforscht monströse Taten, die ein ganzes Jahrhundert bewegten – aber auch Kriminalfälle, von denen Sie noch nie gehört haben.

riva